우리
궁궐의
비밀

우리
궁궐의
비밀

2014년 5월 31일 제1판 제1쇄 발행
2015년 4월 13일 제1판 제3쇄 발행

지은이　혜문
펴낸이　강봉구

편집　황영선
사진　구진영, 경향신문, 고려대학교박물관, 국가기록원, 국립문화재연구소, 국립고궁박물관
　　　국립중앙박물관, 문화재청, 세계일보, 4·19 혁명기념도서관
마케팅　윤태성
디자인　비단길
표지 그림　정혜성
본문 삽화　스튜디오 돌
인쇄제본　(주)아이엠피

펴낸곳　작은숲출판사
등록번호　제406-2013-000081호
주소　413-170 경기도 파주시 신촌로 21-30(신촌동)
서울사무소　100-250 서울시 중구 퇴계로 32길 34
전화　070-4067-8560
팩스　0505-499-8560

홈페이지　http://cafe.daum.net/littlef2010
페이스북　http://www.facebook.com/littlef2010
이메일　littlef2010@daum.net

ⓒ혜문

ISBN 978-89-97581-47-4　03900
값 15,000원

그들이 말하지 않는

우리 궁궐의 비밀

혜문 지음

작은숲

광화문

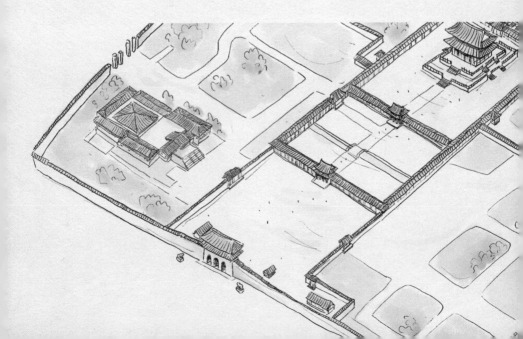

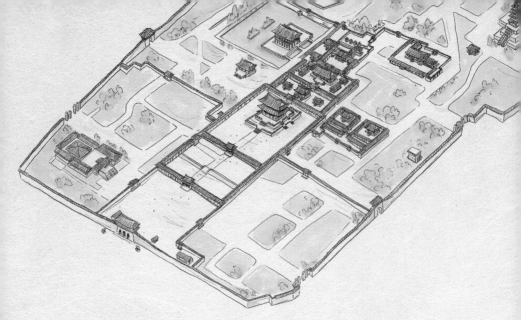

경복궁

창덕궁

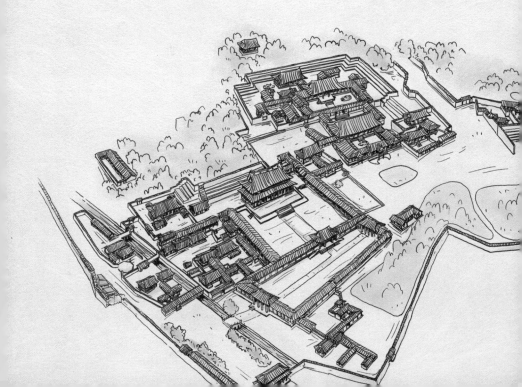

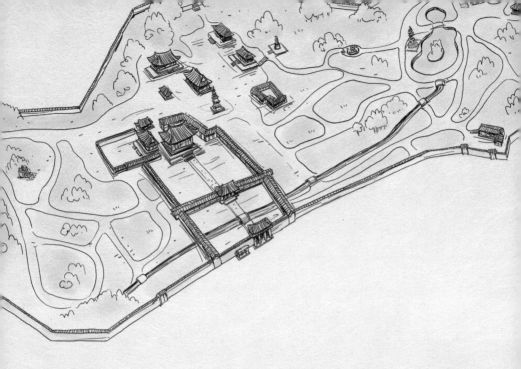

창경궁

덕수궁

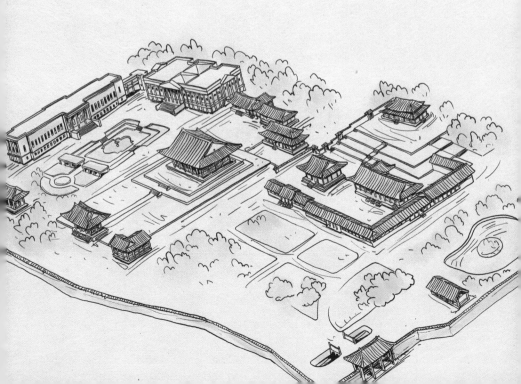

景福宮圖

景福宮在白岳山南北闕太祖二年建令鄭道傳定名獻明發介
前景武時宗八年恩政殿聖上南勢殿聖壬君宗二年乙酉後重
傳毛聽於麥事衛管守宣嘉門又其南日永遷門日日宇門
動武殿受雖延延麻政殿門了其南日弘禮門日景敬
門日左殿門又其北日思政殿聖壬君宗二年乙酉後重
交慶殿日九慶殿聖壬君宗二年乙酉後重其南日思政殿
西其山日國國尼九江其居處尼尼康慶西尼尼
慶殿西尼尼國尼尼國尼尼宗慶宮慶殿

프
롤
로
그

여등汝等은 필수염우차록必須念于此錄하여 당대궁當大宮이 부기復起하고 남문南
門을 개건改建하고 호전胡錢이 통용지시通用之時면 군자가거지기君子可去之期라.
너희들은 반드시 이 기록을 마음속에 새겨 놓아라. 궁궐을 새로 짓고 남
문을 다시 지으며 오랑캐의 돈이 유통될 때면, 군자는 떠나야 할 때너라.
― 《정감록》, 〈경주이선생 가장결〉에서

남문을 다시 짓다

2013년 5월 4일, 화마로 소실되었던 국보 1호 숭례문이 다시 모습을
드러냈다. 박근혜 대통령을 비롯하여 문화재청장, 복구 장인 등이 참석
한 가운데 2008년 2월 10일 화재 이래 진행한 복구 사업이 공식 완료됐
음을 선언하는 완공식이 치러졌다.

이날 기념 축사에서 박근혜 대통령은 "숭례문의 부활은 단순한 문화
재 복구 차원의 의미를 넘어서 우리 민족의 긍지를 되살리고, 새로운 희
망의 문, 새 시대의 문이 열린 것"이라고 말했다.

2008년 화재 당시 숭례문은 누각 중 1층 일부와 2층 및 지붕의 90%
정도가 피해를 입었다. 그러나 성벽과 성문은 그대로 남았고 복구 작업

에서도 불에 그을린 통나무를 기와 밑 깔개로 쓰는 등 많은 부분을 재활용했다고 한다. 따라서 다시 만들었다는 의미의 '복원' 대신 이전의 상태로 회복했다는 의미의 '복구'라는 표현하기로 했다고 한다. 어쨌든 숭례문은 국보에서 해지되지 않고 계속해서 국보 1호의 지위가 유지되었다.

그러나 국보 1호 숭례문 복구의 기쁨은 오래가지 못했다. 불과 다섯 달 뒤인 2013년 10월 단청이 벗겨지고, 나무에 균열이 생기면서 '숭례문 부실 복구' 논란이 시작되었다. 논란이 커지면서 박근혜 대통령은 "원전 비리 못지않은 사건"으로 파악, 엄중 처벌과 진상 규명을 지시했다. 이에 당시 변영섭 문화재청장이 급기야 사임하는 사태로 이어졌다.

사람들은 국보 1호 복구에 부실이 개입되었다는 사실에 경악스러워했다. 무리한 공기 단축, 공무원과 업체 간 유착 비리 등이 원인으로 거

2008년 화재로 소실된 지 5년여 만에 치러진 숭례문 복구 기념식.

론되었고, 신응수 대목장의 금강송 횡령 및 바꿔치기 의혹이 제기되면서 사건은 점점 복마전으로 빠져들고 있었다.

숭례문이 국보 1호로 남아 있는 까닭은?

이게 다 노무현 때문이라고 했다. 노무현 정권 말기, 사람들은 제 잘못을 다 노무현 탓으로 돌렸다. 축구에서 져도 노무현 때문이라고 했고, 연예인이 이혼해도 노무현 때문이라고 했다. 2008년 국보 1호 숭례문이 방화로 소실되었을 때, 방화범 채종기 할아버지도 숭례문에 불을 지른 이유를 묻는 기자들의 질문에 "노무현 때문"이라고 말했다. 노무현이 자기 소유의 토지를 조금밖에 보상해 주지 않아서 숭례문에 불을 질렀으며, 이명박 대통령께 미안하다고 그는 떳떳하게 말했다.

숭례문을 조선 보물 1호로 지정한 것은 일제 강점기였던 1934년 조선총독부였다. 임진왜란 당시 가토 기요마사[加藤淸正]가 숭례문을 통해 한양에 출입했다는 것이 중요한 이유였다고 한다. 이 주장은 서울대 국사학과에서 일제 강점기 조선총독부의 조선 성곽 정책을 연구, 석사학위를 받은 오타 히데하루(일본 도호쿠대 특별연구원)가 서울대 국사학과 기관지《한국사론》49집에 발표한 논문에서 제기됐다.

오타 히데하루의 논문 〈근대 한일 양국의 성곽 인식과 일본의 조선 식민 지배 정책〉에 의하면, 1904년 9월 이후 1908년 12월까지 조선군 사령관으로 근무한 하세가와 요시미치[長谷川好道, 1850~1924]가 교통 장애를 이유로 숭례문을 헐어 버리려 했던 적이 있었다고 한다. 그때 요미우리신문 주필을 거쳐 당시 한성신보 사장 겸 일본인 거류민 단장이었던 나카이 기타로(1864~1924)는 "숭례문은 가토 기요마사가 출입한 문입니다. 조선 출병(임진왜란) 당시 건축물은 남대문 외에 두세 개밖에 없는데, 파괴하는 것은 아깝지 않은가"라며 설득했고, 하세가와 사령관이 이를 받아들임으로써 보존된 것이라고 한다. 해방 이후 대한민국은 일제 강점기 지정 번호를 그대로 답습하여 숭례문을 '국보 1호'로 다시 지정했을 뿐이었다.

참여정부 시절 노무현 정부는 국보 1호를 숭례문이 아닌 다른 문화재로 대체하고 싶어 했다. 아마도 노무현 대통령은 숭례문이 조선총독부에 의해 국보 1호로 지정된 이유를 알았던 것 같다. 2005년 감사원은 국보 1호 숭례문에 대해 대한민국을 대표하는 상징성이 부족하다는 이유

2008년 2월 화재로 무너져 내린 국보 1호 숭례문.

로 변경했으면 좋겠다는 권고를 문화재청에 전달했다. 당시 유홍준 문화재청장도 이를 긍정적으로 수락, 국보 1호를 변경할 수 있는 계기가 마련되었다. 당시 노무현 대통령은 아마도 국보 1호란 명예를 '훈민정음'에 부여하고 싶어 했던 것 같다.

그런데 뜻밖에도 문화재위원회의 할아버지들이 반대하고 나섰다. 국보 1호의 변경은 혼란을 초래하고, 국보의 번호는 중요성이 아니라 관리를 위한 지정 번호이기 때문에 굳이 변경할 필요가 없다는 이유였다. 놀랍게도 대통령은 할아버지들의 의견을 존중, 국보 1호 변경 계획을 덜컥 포기하고 말았다.

2008년 숭례문이 불탔을 때, 국보 해지 문제가 다시 거론되었다. 조선 시대에 건축한 목조 부분이 모두 소실되었으므로 더 이상 문화재로서의 가치가 사라진 것 아니냐는 문제 제기였다. 그때도 할아버지들은 석축 부분이 남아 있다는 이유로 국보 1호로의 존치를 고집했다.

관리 번호에 지나지 않는다던 국보 1호는 숭례문 복구 과정에서 엄청난 영향력을 발휘했다. 복구 기간 내내 문화재청은 전수가 끊어진 전통 기술로 국보 1호의 복원에 임해야 한다는 강박 관념에 사로잡혀 있었다. 전통 기술에 대한 무리한 집착은 결국 숭례문 복구를 전통 기술의 실험장으로 만들었다.

소실된 뒤 5년 만에 복구되어 우리에게 그 모습을 드러낸 숭례문은 이제 모든 권위를 잃었다. 단청이 벗겨지고 기둥이 갈라지는 등 부실 논란에 휘말렸고, 일본산 화학 안료를 쓰고, 덜 건조된 나무를 사용했으며, 무리하게 공기를 단축하느라 부실 복원이 되었다는 갖가지 주장이 가중

되었다. 이에 문화재청장은 부실 복원 논란에 대해 사과하고 철저한 조사와 오류 시정을 약속했지만, 이미 화재와 부실로 무너져 버린 국보 1호가 얼마나 가치 있는 것인지에 대해 나는 솔직히 회의적이다. 그러나 노무현 대통령도 가고 없는 지금, 누가 언제 또다시 국보 1호 숭례문을 정면 조준, 해지 문제를 제기할 수 있을까?

우리에게 궁궐이란 무엇인가?

숭례문 복구 관련 논란을 지켜보다가 나는 문득 까맣게 잊고 있던 기억 하나를 떠올리게 되었다.

정감록에 한양의 지기가 쇠하고 계룡산으로 도읍을 옮길때가 되면 궁궐과 남문을 다시 짓는다고 했는데 무슨 소리인지 알 수가 없어! 남대문

화재로 소실된 후 다시 복원된 숭례문.

20여 년 전 창덕궁 앞에 살았던 노석 선생님은 한양이 망할 무렵, 남문을 다시 짓게 된다는 정감록 이야기를 들려 주곤 했다. 숭례문 부실 논란이 일어나면서 그때 그 말씀이 기억 속에서 살아나기 시작했다. 공교롭게도 정부 종합청사가 세종시로 옮겨가기 시작한 2013년이었다.

《정감록》은 부패한 조선의 멸망과 새로운 시대의 도래를 꿈꾸던 민중의 꿈을 기록한 책이다. 조선 시대 내내 민중을 짓누르던 양반과 상놈의 차별, 삼정의 문란과 수탈은 정도령이 출현, 계룡산에 도읍해서 새 시대를 연다는 '정감록 사상'을 만들어 낸다. 정도령은 미래불인 미륵불의 화신으로 고통받는 말세의 중생을 구제하고, 이상적인 용화세계를 지상에 구현하는 메시아와 같은 인물을 지칭한다. 19세기의 민중 봉기와 갑오 동학 농민 운동의 사상적 밑바탕은 모두 '정감록'과 '미륵사상'에 입각, 새 시대의 출현을 외치고 있었다.

숭례문의 부실 복구 논란은 정감록에 대한 기억을, 그 기억은 새 시대를 꿈꾸었던 전봉준에게까지 나를 이끌고 있었다. 한낱 시골의 서당 훈장이 무슨 용기로 세상의 부패에 맞서 홀연히 일어났으며, 무슨 조화로 20만의 농민군을 규합하여 새로운 시대를 열고자 했던 것이었을까? 우금치 마루에서 일본군과 관군의 기관총에 의해 좌절되었던 120년 전의 어느 날이 아른아른 마음을 스쳐갔다.

환구단에 설치된 일본식 석등과 조경(왼쪽 사진)과 일본식 조경을 철거한 후의 환구단(오른쪽 사진).

스님은 왜 자꾸 궁궐을 부수려고 하세요?

2013년 6월 10일, 사적 157호 환구단이 일본식 조경을 걷어 내고 새로운 모습으로 단장했을 때, 어떤 기자가 물었다.

스님은 왜 자꾸 궁궐을 부수려고 하세요?

환구단은 고종이 1897년 대한제국을 선포하고 황제에 즉위하여 하늘에 제사를 지낸 곳이다. 우리나라의 국호인 대한민국이란 이름도 대한제국에서 따온 말이니, 환구단은 우리나라 국호가 최초로 사용된 곳인 셈이다. 그런데 일제 강점기를 거치면서 환구단은 대대적으로 파괴되었고, 지금은 빌딩 숲에 둘러싸여 초라한 일개 사적지로 전락한 채 웨스틴 조선호텔의 정원처럼 남아 있게 되었다. 게다가 이곳에는 일본식 석등이 설치되었고 조경마저 일본식으로 현재까지 남아 있었다. 나는 2010년 이후 우리나라 국호와 관련된 환구단이 일본식 조경에 오염되어 있다는 것은 문제가 있다고 생각하여 문화재청에 대대적 정비를 건의해 왔다. 마침내 문화재청도 제안을 수용, 일본식 석등을 철거하고 잔디를 제거하게 되었던 것이다. 2012년 이후 환구단뿐만 아니라 경복궁 역 5번 출구, 창덕궁 담장 등에 설치된 일본식 석등을 연거푸 철거하던 시점이었으므로, 기자가 그런 의문을 품어 볼만한 일이기도 했다.

'왜 궁궐을 허물려고 하느냐?'는 질문은 문득《능엄경》의 한 대목을 떠올리게 했다.

번뇌를 소멸한 여러 대아라한(大阿羅漢)들과 함께 마음의 정미로운 기운이 서로 통하고 합해져서 그 자리에서 고요해진다면 바로 여러 마왕과 귀신과 모든 범부천(凡夫天)들이 그들의 궁전이 까닭없이 무너져서 땅이 갈라지고 터져 물이나 육지에 사는 것들과 하늘을 나는 무리들이 놀라 두려워하는 것을 보게 될 것이다.

ㅡ《능엄경》,〈변마장(辨魔章)〉

마왕은 욕망과 거짓에 싸여 장엄한 궁궐에서 살고 있는데, 수행자가 깨달음을 얻어서 그것이 헛된 환상에 불과하다는 것을 간파한다면 궁궐은 마치 모래성처럼 무너져 내리고 만다고 한다. 그래서 부처님께서는 수행자들에게 마왕의 훼방을 조심하라는 요지로 50종류의 마구니를 분별하는 〈변마장(辨魔章)〉을 설하셨다.

　만약 불교 수행을 마왕의 궁궐을 무너뜨리고 부처님의 진리로 장엄한 법왕궁(法王宮)을 짓는 일이라고 정의할 수 있다면, 엉클어진 권력 투쟁이 뒤엉키던 조선 궁궐이 어떻게 성쇠를 거듭하며 우리에게 전해 오는지를 파헤쳐 보고 싶었다. 그 과정에서 내가 만난 우리 궁궐은 일제에 의해 철저히 파괴된 공간, 여전히 부패와 무능이 만연한 왜곡된 공간이요, 개혁의 대상이란 점을 알게 되었다. 따라서 이 책은 단순히 궁궐에 대한 인문교양적 지식을 제공하기 위한 것이 아니라 우리가 개선하고 무너뜨린 뒤 새롭게 지어가야 할 이상적 궁궐에 대한 꿈을 기록한 것이라고 읽혀져도 좋을 것이다.

경복궁에서 미륵전을 만나다

　집필을 위해 수차례 궁궐을 답사하던 중 나는 좀 믿기지 않는 장면을 보게 되었다. 그것은 분명 미륵전이었다. 조선 후기 조선 민중이 그토록 열망했던, 새 시대를 여는 지도자인 미륵불을 모신 전각이 경복궁에 있었다. 숭유억불의 본거지였던 경복궁에 어떻게 미륵전이 자리 잡을 수 있었던 것일까?

　현재 이 건물은 국립민속박물관으로 사용되고 있었다. 연혁을 살펴보니 국립중앙박물관으로 사용하기 위해 경복궁 동쪽에 금산사 미륵전, 법주사 팔상전, 화엄사 각황전을 모델로 지어졌다고 한다(1972년 준공). 문화재청은 경복궁과 불교 사찰 건물은 어울리지 않고, 건물 자체도 노

경복궁 동쪽에 자리한 국립민속박물관. 오른쪽부터 법주사 팔상전, 금산사 미륵전, 화엄사 각황전을 모델로 만들어진 건물이다. 법주사와 금산사는 우리나라를 대표하는 미륵도량이다.

후했으므로 2025년까지 철거 이전할 계획이라고 한다. 경복궁에 사찰 전각을 건립한 것은 1970년대 문화재 행정당국이 벌인 무지의 소산일 것이므로 이전 결정은 너무도 당연한 일이라고 할 것이다. 그러나 나는 조선 왕궁을 무너뜨리고 새 세상을 꿈꾸었던 미륵 신앙의 상징이 자리 잡고 있다는 사실에 기묘한 상상에 잠겨 보았다. 조선의 궁궐은 지금의 우리에게는 아름다운 문화유산이겠지만, 조선 말 새 시대를 꿈꾸었던 사람들에게는 무엇이었을까? 그들에게 궁궐이란 음험한 정치적 술수와 권력욕이 하루도 쉬지 않고 되풀이되던 망국의 산실이요, 마땅히 무너져야 할 부패의 공간은 아니었을까?

갑오동학농민운동이 이 땅을 휩쓴 지 120년. 그들이 꿈꾸었던 '미륵의 나라, 꿈의 세상'을 한 땀 한 땀 헤아려 보았다. 조선 민중이 무너뜨리고 싶었던 조선의 궁궐은 과연 지금 우리에게 어떤 모습으로 남아 있을까?

　그럼 이제부터 우리 궁궐의 비밀을 하나씩 파헤치며 불편한 진실과 대면해 보도록 하자.

　세상을 바꾸는 일이란 어쩌면 궁궐을 바꾸는 일인지도 모른다.

2014년 5월 19일

운악산 봉선사에서 혜문 합장

● 광화문은 조선총독부를 가리기 위해 복원되었다?

● 광화문 한글 현판을 떼어버자 현판에 금이 갔다고?

● 광화문 현판의 바탕색은 원래 흰색이다?

● 광화문 해태 앞다리는 누가 부러뜨렸을까?

광화문

광화문은
조선총독부를 가리기
위해 복원되었다?

경복궁 정문인 광화문의 역사는 수난과 극복의 기록이다. 조선 왕조
의 탄생과 함께 만들어진 광화문은 약 200년 뒤인 임진왜란(1592) 때 완
전히 불타 사라졌고, 그 뒤 270여년 동안 폐허로 존재했다.

광화문을 중건한 것은 흥선대원군 이하응이었다. 왕조의 중흥을 꿈꾸
며 추진한 경복궁 중건(1868)으로 광화문은 다시 역사의 전면에 등장했
다. 그러나 안타깝게도 광화문은 1910년 왕조의 몰락과 함께 다시금 수
난기에 접어든다. 경술국치 직후인 1912년부터 일제는 경복궁을 허물
고 그 터에 조선총독부 청사 건립 계획을 수립했고, 1921년부터 광화문
해체 공사를 시작하여 광화문을 동문인 건춘문 옆으로 이전시켜 버렸
다. 당시 일제는 광화문을 완전히 없애려고 하였으나 여론의 반대에 부
딪혀 이전하게 된 것이다. 그 후 그나마 목숨을 부지하고 있던 광화문은
6·25 전쟁 당시 폭격으로 화강암 기단만 남고 완전히 사라져 버리는 비
운을 맞게 되었다.

조선총독부를 가리기 위해 광화문을 복원했다고?

그렇게 사라져 잊혀졌던 광화문을 다시 역사의 무대에 불러올린 것은 박정희 대통령이었다. 광화문 복원 설계를 담당했던 국보건설단 광화문 설계팀장 최승일(64) 씨는 "광화문 복원 계획은 박정희 대통령의 아이디어였다."고 말했다.

외국에서 귀빈들이 오면 꼭 중앙청 앞을 지나게 되잖아요. 사람들이 중앙청 건물을 보고 '저 훌륭한 건물은 뭐냐'고 자꾸 묻는데, 그럼 일제 강점기부터 꺼내기 싫은 얘기를 해야 하는데, 박 대통령이 그걸 무지 싫어했어요. (중략) 일본 사람들은 총독부 건물을 잘 보이게 하려고 광화문을 옮겼고, 박 대통령은 총독부 건물을 가리기 위해 광화문을 옮긴 거죠. 재미있지 않습니까.

― 길윤형, 〈광화문은 왜 콘크리트인가〉, 〈한겨레21〉 642호(2007. 1. 5)

6·25 전쟁 중 폭격으로 문루가
소실된 광화문의 모습.

당시 정부는 목재였던 문루를 콘크리트로 복원하는 방안을 추진하고 있었다. 그런데 그때에도 콘크리트로 복원하면 안된다는 목소리가 만만치 않았던 듯하다. 미당 서정주는 "콘크리트라면 군이 광화문을 복원한다는 의미가 무엇인가? 그건 웃음거리가 아닌가? 그 웃음거리를 막대한 예산으로 급히 만드는 이유가 불쾌한 얘기다."라며 부정적인 의견을 개진하였고, 당시 광화문 설계안을 최종 검수해야 했던 김동현(현 문화재위원, 한국전통문화학교 석좌교수) 교수와 신영훈(현 문화재 전문위원) 지도위원은 "콘크리트로 된 복원 설계는 인정할 수 없다."며 끝까지 서명을 거부했다고 한다. 그럼에도 불구하고 콘크리트 광화문은 1968년 12월 12일 준공 기념식과 함께 다시 역사의 전면에 등장한다. 서슬 퍼런 군사정권 시절이기에 가능한 일이었다. 더구나 박정희 대통령은 광화문 앞에서 열린 준공 기념식에서 한글로 직접 '광화문'이라고 쓴 현판을 가져다 달았다고 한다. 콘크리트로 복원된 광화문에서 유일한 나무는 박정희 대통령이 한글로 쓴 광화문 현판뿐이었다.

1968년 박정희 대통령이 복원한 광화문의 모습.
문루가 콘크리트로 복원되었다.

준공식이 거행될 당시의 광화문(왼쪽 사진)과 광화문 현판 제막식을 위해 줄을 당기고 있는 박 대통령 내외(오른쪽 사진).

누가 저걸 글씨라고 썼나?

1968년 12월 12일, 박정희 대통령 내외가 참석한 가운데 광화문 준공식이 열렸다. 그 자리에서 웃지 못할 해프닝이 벌어졌다.

> 준공식에는 서예가였던 국회의원 윤제술도 참석했는데, 가림천이 벗겨지자 누가 쓴 글씨인지 몰랐던 윤제술이 "아니, 어느 놈이 저걸 글씨라고 썼나?"라며 냅다 소리를 질렀다고 한다. 이에 당황한 동료 정치인 하나가 그의 옆구리를 쿡 찌르며 대통령을 가리키자, 그는 당황하기는커녕 더 큰 소리로 이렇게 말했다고 한다.
> 아, 이 사람아, 그래도 뼈대는 살아 있구만!
>
> — 〈박통현판〉, 경인일보(2005. 4. 12)

이 이야기에서 알 수 있듯이 박정희 대통령의 글씨는 첫 선을 보이면서부터 말이 많았던 듯하다. 더구나 박 대통령의 글씨로 된 현판을 20여 개나 새긴 인간문화재 각서장(刻書匠) 오옥진 씨가 박정희 대통령의 글씨에 대해 "공을 들인 솜씨지만 시골 선비 수준을 넘지 못했다."고 말했다는 것을 보면, 박 대통령의 글씨는 수준급은 아니었던 듯하다. 그러나 박정희 대통령이 남긴 현판이 전국 28곳 34개에 이르고, 더구나 현판을 포함하여 18년 재임 기간 동안 남긴 친필이 1,200여 점이나 된다니 그의 글씨 사랑(?)의 이유마저 궁금해진다.

아무튼 광화문 현판 글씨를 둘러싼 윤제술 의원의 이야기는 우습지만 씁쓸한 웃음을 짓게 한다. 권력 앞에 화들짝 놀란 한 인간의 번뜩이는 임기응변과 비굴한 순간이 머리에 떠오르기 때문일 것이다.

독재와 한글 현판은 별개이다?

박정희 대통령 사후 잠잠하던 광화문 현판 문제는 완벽한 원형 복원을 추진하면서 새로운 국면을 맞이한다. 2005년 1월 23일, 문화재청(청장 유홍준)이 박정희 대통령의 친필 한글 현판을 정조의 글씨로 바꾸는 방안을 추진 중이라고 밝힌 것이다. 경복궁의 공간 성격과 맞지 않고 한자 현판과는 다르게 글씨 방향도 거꾸로 돼 있다는 것이 교체 결정의 이유였다.

이 소식이 전해지자마자 광화문 현판 교체 문제는 정치적 논쟁으로 확산되었다. 특히 언론사들을 중심으로 '친(親)박정희인가, 반(反)박정희인가?' 하는 성향에 따라 논리가 재생산되기 시작한 것이다. 당시 야당

1968년 준공식 당시의 광화문 현판(위 사진)과 철거 당시 현판(아래 사진). 한눈에 서로 다른 글씨임을 알 수 있다. 이유는 알 수 없지만 준공식 이듬해인 1969년 3월 아래 사진과 같은 현판으로 교체되었다.

이었던 한나라당은 정조의 글씨체를 집자해서 교체하겠다는 문화재청의 계획에 대해 노무현 대통령과 정조의 이미지를 연결시키려는 정치적 의도가 있는 것이 아니냐는 의혹의 시선을 보내기도 했다. 당시 유홍준 문화재청장이 2004년 10월 노무현 대통령과 접견한 자리에서 "(노 대통령이) 정조와 닮은 점이 많다."고 얘기한 사실이 알려지면서 이런 의혹을 증폭시켰던 것이다. 한편 한글단체의 반발도 만만치 않았다. 한글학회, 외솔회 등은 '광화문 한글 현판 지키기 비상대책위'를 꾸리고, '독재와 한글 현판은 별개'라고 주장하는 궐기대회를 열기도 했다.

2006년 12월 4일 광화문의 제 모습을 찾기 위한 해체 복원 공사가 시

서울역사박물관 마당에 전시중인 1968년에 건립된 콘크리트 광화문의 잔해.

작되면서 박정희 대통령이 쓴 한글 현판도 결국 철거되었다. 콘크리트로 광화문이 복원된 지 38년만에 박정희 대통령이 다시 세운 광화문은 그렇게 역사 속으로 완전히 사라지게 된 것이다.

그런데 당시 박정희 대통령 글씨 현판 교체 논란이 가열되면서 뜻밖에 1968년 준공식 현판 글씨와 2006년 콘크리트 광화문 철거 당시의 글씨가 다르다는 것이 알려졌다. 어찌된 영문인지 확인하기 위해 정부의 공식 기록 문서를 찾아보았지만, 정확한 근거는 찾을 수 없었다. 본인 스스로 광화문 글씨가 영 마음에 들지 않았던 모양이었다고 추정할 수밖에……

광화문 현판, 경술국치 100년 만에 복원된 현판은 복원 3개월 만에 균열이 발생했다.

광화문 한글 현판을
떼어내자 현판에
금이 갔다고?

존경하는 국민 여러분!

오늘 84년 만에 제자리에 제 모습으로 복원된 광화문은 우리의 새로운 역사를 활짝 열어 갈 문이 될 것입니다. 우리의 꿈은 더욱 확고해지고, 눈앞에 다가왔습니다. 우리는 세계 속에 '더 큰 대한민국'을 만들 것입니다.

－이명박 대통령의 광복 65주년 광복절 기념사(2010. 8. 15)

2010년 8월 15일 경복궁 광화문이 제 모습으로 우리 앞에 돌아왔다. 조선총독부가 훼손한 광화문의 원형을 되살리겠다는 참여정부의 야심찬 계획으로 복원을 시작한 지 3년 8개월 만의 일이었다.

경술국치 100년 만에 복원된 광화문

광화문 복원의 가장 큰 특징은 조선총독부가 경복궁 축과 3.75도 변형시켜 틀어져 있던 방향을 바로잡았다는 점이다. 박정희 대통령이 복원한 광화문은 조선총독부 건물을 가릴 목적으로 건립되었기에 조선총독부의 축선 위에 세워질 수 밖에 없었다. 따라서 1995년 조선총독부 건물을 철거하게 되자 경복궁축과 틀어진 모습을 그대로 노출시켜 많은 사람을 놀라게 했다. 2010년 광화문을 새롭게 지으면서 비로소 광화문에서 근정전에 이르는 길이 직선 축을 따라 평행을 이루게 되었고, 전각들도 좌우대칭이 구현되어 궁궐의 위엄과 장엄함이 고스란히 드러나게된 것이다.

이날 박정희 대통령의 글씨를 대체할 광화문 현판이 모습을 드러냈다. 한글로 할 것이냐 한자로 할 것이냐의 논쟁부터 시작하여 우여곡절이 많았으나 결국 경복궁 중건 당시 훈련도감 대장이었던 임태영의 글씨를 디지털 복원하는 것으로 결정되었다. 문화재청의 설명에 따르면 일제 강점기의 광화문이 철거되기 전 촬영된 유리원판 사진이 남아 있어 다행히도 디지털 복원이 가능했다. 임태영의 글씨는 디지털 복원이므로 생기가 없고 필력을 전혀 느낄 수 없다는 등의 비판도 없지 않았으나, '원형 보존' 원칙을 주장한 문화재청의 의견이 설득력을 얻은 탓인지 지루하고 힘든 의사 결정 과정을 통해 결론에 도달한 것이다. 그리고 2010년, 경술국치 100년을 맞는 상징적인 해에 광화문이 다시 제 모습을 찾아 복원된다는 역사적인 경사를 맞아 모두가 즐거운 기분으로 들떠 있었다. 그렇게 광화문 복원 행사 이후, 이제 까지의 논란은 모두 사라지는 듯 보였다.

2010년 8월 15일 드디어 광화문이 새로운 모습을 드러냈다(위 사진). 그러나 8·15 광복절 경축식에 맞춰 본래 모습으로 복원된 광화문 현판에 육안으로 확인할 수 있을 정도의 균열이 발생했다. 아래 사진은 2010년 11월 3일 보도자료를 통해 공개한 당시의 모습으로, 우측 '광(光)' 자 앞쪽에 위아래로 길게 균열이 있다.

광화문 현판, 대한민국의 얼굴에 금이 가다

국회 문화체육관광방송통신위 최문순(민주당) 의원은 보도자료를 통해 현재의 광화문 현판 '광(光)' 자 앞쪽에 위아래로 길게 균열이 갔다고 문제를 지적했다. 최 의원은 "광화문 현판은 145년 전 원형 그대로 복원됐다는 점에서 주목을 받아 왔다."며 "그러나 복원 3개월도 되지 않아 심하게 손상됐다는 점은 복원 과정이 얼마나 날림으로 진행됐는지를 미뤄 짐작할 수 있는 것"이라며 부실 공사 의혹을 제기했다.

최 의원의 문제 제기 후 사건은 걷잡을 수 없는 형태로 전개되었다. 현판의 균열을 놓고 한국 고유의 소나무인 육송(陸松)의 특성 때문에 일어난 자연 현상이라는 입장과, 졸속 복원하면서 나무를 덜 말려 빚어진 일이라는 의혹의 시선이 대립하기 시작했다.

문화재청은 "이번 균열은 육송에 나타나는 일반적 현상으로 구조적 문제점은 없다는 데 자문위원 전체가 일치된 의견을 보았다."면서 "보다 과학적인 분석을 위해 국립문화재연구소와 목재 전문가를 통해 균열의 원인을 분석, 근본적 대책을 마련해 나갈 계획"이라고 발표했다. 그러나 이러한 문화재청의 입장에도 불구하고 일부 전문가 등은 광화문 복원을 2010년 12월로 예정했다가 두 차례나 시기를 앞당겨 졸속 복원했기 때문에 현판에 금이 가는 일이 벌어졌다고 주장했다. 2010년 11월에 예정되어 있던 G20 행사 이전에 복원 행사를 하기 위해 12월에서 9월로 일정을 변경했고, 광복절 경축 행사에 맞추기 위해 또 다시 7월 말로 변경하는 등 두 차례나 공기를 단축하면서 현판도 부실 제작됐다는 지적이었다. 문화재청은 이런 문제 제기에 대해 "2006년 10월 광화문 제 모습 찾기 사업을 개시하면서 2009년 12월 공사를 마무리할 예정이었다." 며 "광화문 유구 밑에서 태조 때의 유구가 발견되는 등의 이유로 공기를 1년 늦추게 됐으므로 공사를 앞당긴 것은 졸속이 아니다."라는 입장을 내놓았다. 문화재청은 또 광화문 현판에 사용된 금강송(육송의 일종)이 완전 건조되지 않았다는 지적에 대해서도 "대목장 신응수 씨가 직접 3년 이상 말린 것"이라며 "금이 간 것은 가을철 건조한 날씨에 나무가 수축하면서 일어난 일"이라고 해명했다.

문화재청의 이러한 해명에도 불구하고 광화문 현판 균열 문제는 어렵사리 합의에 이른 '광화문 한자 표기' 문제를 다시 촉발시켰다. 복원한 지 석 달이 안 된 시점에서 금이 간 현판과 관련한 논란이 재현된 것이다. 현판이 갈라진 것이 알려진 초기에는 원인 공방과 책임 소재에 대한 의견이 들끓다가 그 충격이 어느 정도 가라앉은 후 현판을 한글로 복원해야 한다는 목소리가 힘을 얻기 시작한 것이다.

광화문 현판에 금이 간 것은 세종대왕이 노했기 때문?

사건은 김형오 전 국회의장으로부터 시작되었다. 그는 "광화문 복원 전 현판이 박정희 대통령이 쓴 한글 휘호였다는 이유로 군이 새 현판에 한자를 썼다면 역사의식이 모자란 것"이라는 입장을 밝혔다. 나아가 "광화문은 경복궁의 정문 차원을 넘어 대한민국의 대표적 상징 조형물로 그 문패격인 현판은 한글이 돼야 한다."며 한글 현판 복원을 주장했다.

또 "지금의 현판은 1867년 광화문 중건 당시 공사 감독관이자 훈련대장인 임태영이 쓴 서체를 디지털 복원한 것으로, 그 인물과 서체를 폄하하자는 게 아니라 중건 당시 일반 관리에 불과한 사람이 쓴 현판을 쓸 이유가 있느냐?"고 반문했다.

이러한 김형오 의장의 발언은 누리꾼들의 호응을 이끌어 냈다. 누리꾼들은 "한자 광화문 현판이 갈라진 것은 세종대왕이 노하셔서 내리친 건 아닐까요?", "말로만 한글 세계화를 외칠 게 아니라 세계 문화유산으로 등록된 훈민정음을 기반으로 한 한글 현판을 광화문에 거는 건 어떨까?", "광화문 현판은 한글로 다는 것이 시대성에 맞는 것 같습니다."라며 한글 현판 복원에 긍정적인 반응을 보였다.

이렇듯 여론의 뭇매를 맞은 문화재청은 광화문 현판을 다시 제작하겠다고 발표했다. 재제작 결정이 내려지면서 광화문 현판은 한글이나 한자냐의 표기 문제부터 누구의 글씨로 해야 할지에 이르기까지 다시 논의를 해야 하는 지경에 이르렀다. 박정희 대통령이 쓴 한글 광화문 현판을 떼어 내서 발생한 일이니 다시 박정희 대통령의 광화문 현판을 걸어야 한다는 목소리도 등장하기 시작했다.

일제 강점기에 이전된

세종대왕 동상. 2010년 광화문 복원시 세종로에 만들어졌다.

이후 겨우 100년 만에 제 모습으로 돌아왔다는 광화문은 민족의 자부심을 일깨우기는커녕 '이 시대의 무능력함'을 폭로하면서 모든 것을 혼란 속에 밀어 넣어 버리고 말았다.

광화문 현판의
바탕색은
원래 흰색이다?

가끔 뜬금없는 생각이 사건을 해결하는 열쇠가 되는 경우가 있다.

광화문 현판에 금이 간 후 체면이 구겨진 문화재청은 현판을 다시 제작하기로 결정했다. 그리고 2012년 12월 27일에는 현판 글씨를 기존 방침대로 '임태영의 한자 광화문'으로 하기로 결정했다. 이로써 광화문 현판 균열 사건과 '현판 교체'를 발표한 지 2년간의 공방은 비로소 종결된 듯 보였다. 그런데 이 소식을 듣는 순간 나는 새로운 의문에 휩싸였다.

박정희 대통령이 썼던 광화문 현판은 검은색 바탕이었는데, 지금 현판은 왜 흰색 바탕이지?

광화문 현판의 바탕색은 원래 흰색?

왜 이런 엄청난 변화가 일어나게 된 것일까? 궁금증이 일기 시작한 나는 여러 자료를 조사, 검은 바탕의 흰 글씨가 흰 바탕에 검은 글씨로 바

박정희 대통령 친필 현판(왼쪽 사진)과 2010년 새로 제작된 광화문 현판(오른쪽 사진). 바탕색이 검은색에서 흰색으로 바뀌었다.

뀐 까닭을 탐색하기 시작했다.

문화재청은 박정희 대통령의 현판을 떼어 내고 이를 대체할 현판 제작을 고심하던 중 현판의 원형을 찾아냈다고 한다. "1916년 촬영한 광화문 사진의 유리원판을 디지털 분석한 결과, 당시 현판을 70% 가량 복원하는 데 성공했다."며 복원된 한자 글씨를 공개했다. 당시 유홍준 문화재청장은 "아직까지 만족할만한 수준은 아니지만, '光化門'이라는 글씨의 윤곽을 비교적 뚜렷하게 판독해 냈다."고 밝혔다. 비록 흐릿한 사진이었지만 임태영이 쓴 '광화문(光化門)'이란 필적을 디지털로 복원하는 데 성공한 것이었다.

이 발표를 보고 나는 '아! 그랬구나. 원래 흰 바탕에 검은색 글씨로 되어 있던 것을 군사 정권 시절에 무작정 밀어붙이다 보니 자세한 고증도 없이 검은 바탕에 흰 글씨로 썼던 것이었구나!'라고 생각했다. 광화문 현판의 바탕과 글씨 색깔을 둘러싼 나의 의문은 그렇게 끝나가고 있었다.

문화재청이 디지털로 복원했다는, 1916년에 찍은 유리원판 사진은 흰 바탕에 검은 글씨였다는 것을 생생하게 입증하고 있었다. 그런데 어느 날 우연히 이 사진에 대한 의혹을 제기한 한 편의 글을 읽고 광화문 현판의 바탕색에 대해 더욱 강한 의구심을 갖게 되었다. 이순우 선생은 자신이 운영하는 카페 '일그러진 근대 역사의 흔적'에 문화재청이 공개한 유리원판 사진에 대해 다음과 같이 문제를 제기하고 있었다.

여기에 나오는 광화문의 모습은 〈조선고적도보〉나 다른 자료에 나온 것보다 훨씬 먼 곳에서 촬영한 것임에도 불구하고, 현판의 모습은 육안으로도 식별이 가능할 만큼 글씨의 흔적과 색깔이 뚜렷하게 표현되어 있다. 사진의 오른쪽 부분에 서구식 건물의 일부가 보이는 것으로 보아

아래 사진은 일제 강점기에 촬영된 광화문 전경으로 광화문 현판 제작의 기초가 되었다고 당시 언론이 공개한 사진이다. 이 사진에는 광화문 현판이 흰 바탕에 검은 글씨로 보이는데, 합성 사진으로 밝혀졌다. 오른쪽 위 사진은 광화문 현판 복원을 위해 디지털 복원한 사진이다.

□ 광화문 현판 재제작 진행 경과는 2013년 인공건조 실시 및 현판 부재의 조립을 완료하였고, 현재 목재의 갈라짐 발생 여부 등을 모니터링하고 있으며, 금년 내 각자와 단청을 실시할 계획입니다.

□ 광화문 현판의 색상을 정확히 알 수 있는 자료는 현재까지 발견하지 못했습니다. 다만, 현판 바탕을 흰색으로 하고 글씨는 검정색으로 결정한 것은 사진 전문가, 디지털 이미지 분석 전문가, 문화재 전문가 등이 유리원판 사진을 분석하고 논의하여 결정한 사항입니다.

□ 귀하께서 첨부하여(파일명:디지털 복원.jpg) 합성 사진 여부에 대해 질문하신 사진은 문화재청에서 디지털로 복원했다고 밝힌 사진은 아니며, 연합뉴스에서 편집한 이미지로 알고 있습니다.

□ 기타 궁금하신 사항은 문화재청 궁능문화재과 심○○에게 연락 주시면 성실히 답변 드리겠습니다. 감사합니다.

문화재제자리찾기 질의에 대한 문화재청의 답변(2014. 3. 3).

1915년 조선물산공진회 이후에 촬영한 것이 분명하다고 여겨지는데, 훨씬 나중에 촬영한 것임에도 불구하고 현판 부분이 더 또렷해졌다는 것은 선뜻 납득하기 어려운 부분이다.

나는 이순우 선생의 의문 제기를 확인하기 위해 문화재청에 언론에 공개된 광화문 현판의 유리원판 사진이 합성 사진인지의 여부, 광화문 현판의 바탕색을 입증할 결정적 자료에 대해 질의서를 보냈다. 문화재청의 답변 내용은 약간 충격적이었다.

광화문 현판의 색상을 정확히 알 수 있는 자료는 현재까지 발견하지 못했습니다. 다만, 현판 바탕을 흰색으로 하고 글씨는 검정색으로 결정한 것은 사진 전문가, 디지털 이미지 분석 전문가, 문화재 전문가 등이 유리원판 사진을 분석하고 논의하여 결정한 사항입니다.

　귀하께서 첨부하여(파일명 : 디지털 복원.jpg) 합성 사진 여부에 대해 질문하신 사진은 문화재청에서 디지털로 복원했다고 밝힌 사진은 아니며, 연합뉴스에서 편집한 이미지로 알고 있습니다.

　결국 언론에 공개되었던 유리원판 사진은 원래 바탕색을 입증하는 사진이 아니라 합성 사진이었던 것이다. 따라서 공개 사진에서 보이는 것처럼 광화문 현판이 '흰색 바탕에 검은 글씨'였는지는 알 수 없고, 추가적인 확인이 필요한 사항이었던 것이다. 문화재청은 약간의 필요에 의해 조작(?)된 합성 사진이란 사실을 알리지 않았기에, 사진만 보고 광화문 현

〈조선고적도보〉에 수록된 광화문 전경. 문화재청이 공개한 유리원판 사진보다 훨씬 가까운 거리에서 촬영되었음에도 불구하고 현판이 잘 보이지 않는다.

판이 '흰 바탕에 검은 글씨'였다는 사실을 덥석 믿어 버리기 십상이었다.

관련 기사를 검색해 보니, 이미 문화재청은 2010년 광화문 현판을 복원하면서 참고한 유리원판 사진을 통해 한자 글씨체는 찾아냈지만 흐린 흑백사진인 탓에 현판 바탕과 글씨 색깔을 정확하게 확인하지 못했음을 인정했다고 한다. 복원 과정에서 참고했던 유리원판 사진의 색상 역시 그대로 믿을 수 없다는 의견도 나왔다. 특히 "근대기에 촬영한 궁궐 건축 사진을 보면 색상을 반전시킨 경우가 종종 있다. 광화문 현판 사진도 그랬을 가능성이 있다. 물증이 있는 것은 아니지만 바탕은 검은색이었을 것 같다."고 지적한 홍순민 교수(명지대)의 의견은 광화문 현판 바탕색에 대한 의구심을 더욱 증폭시켰다. 〈어떤 색깔의 글씨를 써야 광화문 현판다울까…〉, 동아일보(2011. 11. 3)

모든 궁궐 현판의 바탕색은 검은색이다?

광화문 현판을 둘러싼 의문은 더욱 커져 의혹 수준으로 발전하기 시작했다. 나는 이른바 조선의 4대 궁궐이라 불리는 창덕궁, 창경궁, 경희궁, 덕수궁의 정문이 어떤 형태로 만들어졌는지 조사해 보았다. 그 결과 놀랍게도 모든 궁궐의 정문 현판은 검은 바탕에 흰 글씨였다. 다만 덕수궁의 출입문인 '대한문'만이 흰 바탕에 검은 글씨였는데, 대한문은 정문이 아니므로 모든 궁궐의 정문 현판은 검은 바탕에 흰 글씨라는 결론에 도달할 수 있었다. 하지만 그것만으로는 근거가 부족해 보였다. 나는 그 근거를 찾기 위해 동분서주했다. 하지만 만족할 만한 근거는 쉽사리 발

조선 시대 주요 궁궐의 정문 현판. 왼쪽 위부터 시계 방향으로 창덕궁 돈화문, 창경궁 홍화문, 덕수궁 대한문, 경희궁 흥화문. 덕수궁 대한문 현판만 흰 바탕에 검은 글씨이고, 나머지 현판은 모두 검은 바탕에 흰 글씨이다.

〈백악춘효〉는 심전 안중식(安中植,1861~1919)이 1915년에 백악과 경복궁의 실경을 그
린 작품으로, 여름본과 가을본 두 점이 전해진다. 특히 여름본은 광화문의 중심축이 백악
산 정상을 지나고, 경복궁 전각들이 웅대하게 재현되었다. 〈백악춘효〉 중 광화문 부분을
확대한 사진을 비교해 보면, 여름본(위 사진)에는 단정하기 어려우나 가을본(아래 사진)
에는 현판이 확실히 검은 바탕으로 그려져 있음을 확인할 수 있다.

견되지 않았다.

그렇다면 광화문 현판은 지금 모습처럼 흰 바탕에 검은 글씨가 아니라 검은 바탕에 흰 글씨였지 않았을까? 확인할 수 없는 궁금증이 갈증처럼 밀려오기 시작했다. 그 궁금증의 실마리는 대한민국이 아닌 미국에서 풀리기 시작했다.

나는 애국가 작사가로 알려진 윤치호의 애국가 작사 친필본을 열람하기 위해 2014년 1월 미국 애틀란타에 있었다. 1955년 국사편찬위원회는 '애국가 작사가 확정'을 위한 심의를 진행한 적이 있는데, 심의 결과 윤치호 작사설이 11 대 2로 우세했다. 그러나 만장일치가 아니란 이유로 부결돼 애국가는 현재까지 '작사가 미상' 상태로 남아 있게 되었다. 그 당시 보고서를 살펴보면 "1907년 윤치호 작이 위조가 아니라면 윤치호 작이라 해도 무방하다."는 최남선 위원장의 말이 기록되어 있다. 윤치호가 자신이 작사가라고 밝힌 친필본이 존재한다는 것인데, 이 친필본은 1990년대 윤치호 유족들이 에모리 대학에 기증했다고 알려져 왔다. 따라서 애국가 작사가 규명을 위해서는 윤치호 친필본 확인과 친필 여부의 검증이 가장 우선해야 할 일이었기 때문에 에모리 대학에 방문 조사를 나온 길이었다.

애틀란타 방문 조사에는 국외소재문화재재단의 강임산 팀장도 동행했다. 2박 3일 동안 같은 호텔에 머물면서 이런 저런 이야기를 나누던 끝에 광화문 현판에 대해 대화를 나누게 되었다. 광화문 현판에 대한 내용을 비교적 소상하게 알고 있던 강 팀장은 나에게 안중식의 〈백악춘효〉란 그림에 실마리가 있지 않겠느냐는 단서를 제공해 주었다. 구한말의

2005년 2월, 당시 유흥준 문화재청장이 광화문 현판 원형의 디지털 복원에 성공했다고 설명하고 있다.

화가 안중식은 북악산과 경복궁을 소재로 〈백악춘효〉란 두점의 그림을 그렸는데, 거기에 광화문의 모습을 정밀하게 묘사해 놓았으니 한번 참조해 보라는 조언이었다.

안중식의 그림은 국립중앙박물관 소장 작품으로 등록문화재 485호로 지정된 걸작이었다. 국립중앙박물관을 직접 방문해서 실물을 확인해 보니 〈백악춘효〉 중 가을 그림에 나타난 광화문 현판의 바탕색은 확실히 검은색이라고 할 수 있지만, 여름 그림은 검은 색깔이 너무 연해서 검은 바탕이라고 단정하기 좀 어려운 듯했다. 그렇지만 어쩐지 광화문 현판은 검은색 바탕에 흰 글씨가 아니었을까 하는 쪽에 마음이 기울기 시작했다.

광화문 현판 바탕색이 흰색인 합리적인 이유

그렇다면 광화문 현판은 어쩌다가 흰 바탕에 검은 글씨로 만들어지게 된 것일까? 섣부른 판단일지 모르지만, 자료 조사 과정에서 찾아낸 한 장의 사진이 특별한 이유 없이 흰 바탕 위에 검은 글씨를 선택하게 된 원인이 아닐까 하는 생각이 들었다.

디지털 복원 사진은 유홍준 문화재청장이 '광화문 현판 원형'을 찾았다고 기자들에게 설명한 단 한 장의 사진이었다. 문화재청은 애초에는 박정희 대통령의 현판을 철거하고 정조의 글씨를 집자해서 '광화문 현판'을 새로 만들려고 했다. 그런데 뜻밖에도 노무현 대통령과 정조를 연결시키려는 의도가 아니냐는 정치적 논란에 휘말리고, 정조가 경복궁에서 정사를 편 적이 없다는 반론에 부딪히면서 수세에 몰리게 되었다. 그러자 다시금 대응 논리로 찾아낸 것이 경복궁 중건 당시의 '원형 보전 논리'에 입각, 임태영의 글씨를 디지털 복원해서 '박정희 현판'을 대체한다는 방안이었다.

국립중앙박물관에 소장된 흐릿한 유리원판 사진을 디지털로 복원하다 보니, 임태영의 글씨로 추정되는 부분은 진하게 살려내고 나머지 검은색을 제거하는 방식을 선택할 수밖에 없었을 것이라는 추론이 가능하다. 그리고 결과물로 복원된 검은 글씨를 임태영의 필체를 되살린게 바로 이것이라고 문화재청장이 기자들에게 설명하던 순간부터, 속성상 광화문 현판은 흰 바탕에 검은 글씨로 만들어지도록 예정되었지 않았을까?

광화문의 바탕색이 무슨 색인지 논란을 거듭하고 있는 가운데 현판의 색깔이 뒤바뀐 경우가 추가로 발견되고 있다. 이는 박정희 대통령 시절, 고증 절차를 거치지 않고 복원했기 때문에 오류가 발생한 것으로 보인다. 현판의 색깔이 뒤바뀐 오류는 경복궁 영추문(❶❷), 덕수궁 광명문(❸❹), 창경궁 명정전(❺❻) 등에서 발견되고 있다. 사진 자료에 근거, 원형 보존의 원칙에 따라 바로 잡아야 할 것으로 보인다. 위 사진에서 왼쪽은 일제강점기의 모습(❶❸❺)이고, 오른쪽은 현재의 모습(❷❹❻)이다.

다시 광화문 현판을 보며

광화문 현판의 바탕색이 무엇인지는 아직 고증되지 않았다. 아마도 일본 도쿄대학에 보관되어 있다고 알려진, 일제 강점기에 촬영된 유리 원판 사진에서 광화문 현판 사진이 발견되지 않는 한, 더 이상 국내의 사진 자료나 문헌으로 완전히 입증해 내기는 어려울 듯하다. 그런데 문득 떠오르는 또 한 가지의 의혹은 아직도 이 문제를 해결하기 위해 공개적인 토론의 장이 마련된 적이 없었다는 것이다. 학술적인 고증이 뒤따르지도 않은 채 시간만 흘러가고 있는 것이다.

광화문 현판 문제를 놓고 문화재청이나 관련 전문가들이 무슨 생각을 하고 있는지 현재로서는 가늠할 수가 없다. 그저 서로 내 몫이 아니란 생각에 수수방관하고 있는 것은 아닐까? 광화문 복원 당시 석 달 만에 현판에 균열이 나타나고, 그에 따른 논란이 3년이 지난 지금까지도 해결되지 못한 채 '현판의 재제작과 고증'마저 원활히 이루어지지 못하는 현실을 어떻게 보아야 할까?

왼쪽 앞다리가 부러진 광화문 앞 해태상.

광화문 해태
앞다리는 누가
부러뜨렸을까?

2008년 9월, 갑자기 해태가 돌아왔다. 광화문의 좌우측을 지키고 서 있던 해태상은 2006년 12월 '광화문 제 모습 찾기 사업'이 시작되면서 경복궁 내 보관 창고로 옮겨졌었다. 그런데 복원 공사가 끝나기도 전에 갑자기 돌아온 것이다. 해태상이 옮겨진 지 20개월 만의 일이었다. 더구나 광화문 복원 공사 현장 전체를 철제 가림막으로 가렸던 문화재청이 해태상이 놓여 있는 부분을 철망으로 만들어 시민들이 볼 수 있게 조치하여 공개한 것이다. 어쨌든 해태상이 갑자기(?) 돌아온 것을 두고 여러 가지 말들이 떠돌았다.

2006년에 경복궁을 지키고 있던 해태가 사라진 뒤부터 좋지 않은 일들이 연달아 일어났다. 2008년 2월에는 숭례문이 불타 사라졌고, 그로부터 열흘 후인 2월 21일에는 정부 중앙청사에 화재가 발생했다. 그리고 연이어 미국산 쇠고기 수입을 반대하는 100만 촛불집회가 들불처럼 번졌다. 정부 입장에서 보면 불길한 일들이 연쇄적으로 일어난 것이다. 거기다가 항간에는 화기(火氣)를 막는 해태상을 치웠기 때문이라는 소

2008년 9월 다시 돌아온 해태의 모습. 2006년 콘크리트 광화문이 해체되면서 옮겨졌다가 20개월 만에 돌아왔다.

문이 떠돌았다. 이런 소문은 "정부가 더 이상 화마에 시달리지 않기 위해 해태상을 광화문에 갖다 놓은 것 같다."는 추론을 재생산해 냈다.

　문화재청의 애초 계획은 광화문 제자리 찾기 사업이 완료되는 2009년 12월경에 해태상을 옮긴다는 것이었다. 그러나 문화재청의 해명에 의하면 보관 창고에 햇볕이 들지 않아 해태상에 습기가 차고 이끼가 끼는 등의 관리상 문제점이 드러나면서 2008년 8월에 서둘러 이전했다는 것이다. 하지만 충분히 납득되는 해명은 아니었던 듯하다. 김종섭 교수(경주 서라벌대 풍수명리과)는 세계일보와의 인터뷰에서 "광화문 앞에서 해태상을 옮긴 뒤 불상사가 많았다."며 "과학적이고 실용적인 상황만 고

집하면 화를 더 자초할 수 있기 때문에 정부가 정신적인 것(풍수사상)을 찾지 않았나 생각한다."는 입장을 밝히기도 했다. 더구나 2008년 봄 미국산 쇠고기 수입 반대를 위한 촛불집회가 들불처럼 타올랐고, 당시 이명박 대통령이 청와대 뒷산에 올라 소주를 마시며 〈아침이슬〉을 불렀다면서 대국민 사과 회견을 할 정도였다.

해태 앞다리는 언제 부러졌을까?

어쨌든 철창 속에 들어 있던 해태는 2010년 8·15 광복절을 맞아 광화문이 원래 모습을 되찾으면서 제자리로 돌아왔다. 그야말로 지난 100여 년간 광화문과 모진 풍파를 같이해 온 지킴이이자 동반자의 귀환이었다.

그날 나는 복원의 역사적 순간을 함께하기 위해 광화문 앞에 있었다. 광화문 앞에서 해태를 보며 해태에 얽힌 지난 일들을 떠올리다가 충격

2010년 제자리를 찾은 해태. 앞다리가 부러져 있다.

구한말 해태는 광화문 바로 앞이 아니라 문에서 4~50미터쯤 떨어진 앞쪽에 위치해 있었
다. 이 당시의 해태는 앞다리 부분이 멀쩡했다는 것을 알 수 있다.

적인 사실 하나를 발견하게 되었다. 놀랍게도 해태상의 앞다리가 부러져 길게 금이 가 있었던 것이다. 전혀 상상하지 못했던 일이었다.

그런데 해태 앞다리는 언제 부러졌을까? 혹시 2008년 당시 들불 같은 촛불집회를 차단하기 위해 계획에 없이 부랴부랴 해태가 돌아오는 과정에서 발생한 것은 아닐까 하는 의심이 머릿속을 스쳤다. 호기심을 참기 힘들었던 나는 해태와 관련된 사진 자료를 검색하기 시작했다. 해태 앞다리가 언제 부러졌는지 알아보기 위해서였다.

우선 철거되기 이전인 2006년에 찍은 광화문 사진과 대조해 보았다. 그 사진 속 해태의 앞다리가 멀쩡하다면, 최근 부러진 게 확실하기 때문이었다. 사진을 대조해 본 결과 1968년에 복원되어 2006년까지 존재했던 사진에서도 앞다리가 부러져 있다는 것을 확인할 수 있었다. 그렇다면 혹시 일제 강점기에 부러진 것이 아닐까? 조선총독부가 광화문을 철거하고 해태를 이동시키는 과정에서 일본에 의해 부러진 것이 아닌가하는 생각이 들었다. 이에 해태가 처음 만들어졌던 구한말부터 광화문이 다시 지어진 1968년까지의 사진을 찾기 시작했다.

조선총독부를 지키는 신세로 전락한 해태

해태가 쫓겨난 시기는 조선총독부를 건립하면서 광화문을 옮겼던 1923년경으로 추정된다. 당시 경복궁 앞에서 쫓겨나 조선총독부 한 켠에 초라하게 방치된 해태는 동아일보 기자의 눈에 띄어 그 참상이 소개되기도 했다.

1968년 광화문 복원 때부터 2006년까지 존재했던 해태 모습. 이 때에도 다리가 부러져 있음을 확인할 수 있다. 1968년 자리를 잡은 뒤, 2006년까지 이동한 기록이 없는 것으로 보아 그 이전에 부러진 것으로 추측할 수 있다.

너의 꼴을 보려고 대궐 안에 들어가니 너는 한편 모퉁이에 결박을 지은 듯이 거 을 쓴 채로 참혹히 드러 누엇더라. 그것을 본 흰 옷 입은 사람의 가슴도 엇지 편안할 수 잇겟느냐! 끝없이 일어나는 감회를 무엇이라 형언하겟느냐!

- 〈春風秋雨 五百年을 宮門압헤 마조안저〉, 동아일보(1923. 10. 4)

한 가지 재미있는 사실은 광화문 앞 해태를 철거한 후, 서울에서 화재가 빈번하게 일어났다는 기록이다. 해태를 치우자 서울 시내에 화재가 발생했고, 해태를 치웠기 때문에 화재가 발생하게 되었다는 소문이 장안에 파다하게 퍼져 나갔던 듯하다. 이에 조선총독부도 민심을 안정시키려고 해태를 다시 복귀시키기로 결정했다고 한다. 1929년 동아일보

==◇래해긴옴롤리자로으음처후생◇==

동아일보 1923년 10월 4일자 신문에 실린 해태. 〈春風秋雨 五百年을 宮門압혜 마조안저〉
라는 기사에 붙은 사진으로, '생후 처음으로 자리를 옮긴 해태'라는 설명이 붙어 있다.

기사 중에 금년도에 복귀될 듯하다는 내용이 있었고 〈집어넛다가 끌어냇다
가 獬豸生涯도 辛酸〉, 동아일보(1929. 11. 23), 1934년 같은 신문 기사에서 해태
가 조선총독부 정문 앞으로 옮겨져 있었다는 사실을 확인할 수 있다. 〈風
物中心의 變換〉, 동아일보(1934. 1. 1)

정확하게 언제인지는 알 수 없으나 우여곡절 끝에 다시 돌아온 해태
는 조선총독부 출입문 앞에 자리 잡게 되었다. 광화문은 이미 철거된 뒤
였고, 해태는 조선총독부 청사 출입문을 지키는 비극적 신세가 되고 말
았다. 해태는 그때부터 1968년 광화문이 복원되는 시점까지 그 자리를
지킨 것으로 확인되었다.

사진 자료를 검색해 본 결과 1968년 이후부터 2006년까지 광화문에
있었던 해태는 앞다리가 부러져 있었던 것이 분명했다. 그러므로 1920

1958년 2월 9일에 촬영한 영상기록원 동영상 캡처 사진. 해태 앞다리가 멀쩡하다는 것을 확인할 수 있다. 따라서 1968년 광화문으로 옮기면서 파손한 것으로 추정된다.

년대부터 1968년까지 조선총독부 출입문 앞에 해태가 있었다면, 앞다리 훼손 시점은 1929년 이후 1968년 이전의 어느 시점일 것으로 추정할 수 있다.

그렇다면 1929년부터 1968년도 이전 해태를 촬영한 사진을 검색해서 앞다리를 확인하면, 언제 다리가 부러졌는지 정확히 알 수 있는 셈이었다. 그러나 조선총독부 청사는 권력의 핵심 건물이었고, 광복 이후에도 중앙청으로 사용되었던 만큼 해태를 근접 촬영한 사진을 찾기가 생각보다 어려웠다. 다행히 2012년경 국가기록원의 〈E 영상기록원〉 자료에서 1958년 2월 9일에 촬영된 동영상을 보게 되었다. 세 명의 어린이가 설을 맞아 중앙청을 방문했다가 해태에 올라타서 노는 모습을 촬

1945년 광복 직후 촬영된 조선총독부 사진. 정문에 해태가 놓여 있었다는 사실을 확인할 수 있다. 일제 강점기에 총독부를 지켜야만 했던 비극을 겪은 해태는 1968년 광화문이 복원되면서 광화문 앞으로 옮겨지게 된다.

영한 것이었는데, 다행스럽게도 해태의 모습이 클로즈업 되어 있었다. 그런데 이 자료에는 해태의 앞다리가 아직 멀쩡한 상태였다. 해태의 앞다리를 부러뜨린 것은 조선총독부가 아니었던 것이었다.

구한말부터 지금까지 관련 사진 자료를 토대로 판단해 보건대, 해태의 앞다리가 부러진 시점은 일제 강점기가 아니라 1968년 광화문 복원 공사를 추진했던 박정희 정권 시기로 확인되는 순간이었다. 아마도 조선총독부 건물 앞에 있던 해태를 복원된 광화문 앞으로 이동시키는 과정에서 떨어뜨렸거나 무언가에 부딪히는 바람에 부러진 것으로 추정되었다.

결국 일제 강점기 조선총독부의 경복궁 훼손 과정에서 해태의 앞다리가 부러졌을 거라는 최초의 가설은 빗나가고 말았다. 광복 이후 우리 손으로 해태의 앞다리를 부러뜨리고 말았다는 사실은 가슴 아픈 이야기일 수도 있다. 그러나 광화문을 철거하고 이리저리 끌고 다니다가 조선총독부 수위로 전락시켰던, 최초 동기를 제공했다는 면에서 일본은 해태 파손의 책임으로부터 결코 자유로울 수는 없다.

해태만큼이나 기구한 해치의 운명

2008년 해태는 서울시의 상징이 되었다. 당시 서울시장이었던 오세훈은 "서울만의 고유한 특징과 이미지를 담은 상징으로 '해치'를 선정했다. 전설과 상상 속의 동물로, 600년을 서울과 함께 해 온 해치가 앞으로는 세계적인 상징물이 될 것"이라고 밝혔다. 또한 2009년부터 뉴욕의 '자유의 여신상', 파리의 '에펠탑', 싱가포르 '멀라이언' 같은 세계 도시의 상징물처럼 서울의 대표 이미지로 키우겠다는 포부를 갖고 2억 4천만 원을 들여 해치 캐릭터를 만들었다. 그리고 방송사와 함께 애니메이션 〈내 친구 해치〉를 제작해 방영하는 데 29억 원, 다큐멘터리 제작하는 데 7천만 원, 창작동화 공모에 2천 300만 원 등을 투자하며 해치 알리기에 심혈을 기울였다.

그러나 2011년 10월 박원순 시장이 취임한 후부터 해치는 모습을 감추었다. '서울 해치' 홈페이지에는 2011년 8월 이후 새로운 소식이 올라가지 않았으며 관련 쇼핑몰 홈페이지는 문을 닫았다. 해치 캐릭터 상품을 파는 오프라인 기념품점은 거의 사라지고 광화문 광장 한 곳만 남았다고 한다. 수십 억 원을 들여 만든 상징물이 무용지물이 된 것에 대해

해치서울   HAECHI SEOUL

해치서울   HAECHI SEOUL

서울의 상징물로 지정된 '해치'의 브랜드 아이덴티티(BI)와 캐릭터. '해치'는 선악을 구별하고 화마로부터 보호하는 상상 속의 동물인 '해태'의 원래 이름이라고 한다.

많은 사람들이 아쉽게 여기지만 서울시 해당 부서는 해치 캐릭터 활성화를 위한 홍보 등 추가 활동에 난색을 표하고 있다고 한다.

과연 서울시 상징 캐릭터 '해치'의 운명은 어떻게 될까? 4년 만에 완전히 찬밥 신세로 전락한 해치 캐릭터와 앞다리가 부러진 해태의 모습이 묘하게 겹쳐온다.

혜문스님의
역사 특강

불을 막아 주는 신령스러운 동물, 해태

해태는 화재를 막는 길짐승

예로부터 해태는 화재(火災)를 막는 물의 신수(神獸:신령스러운 짐승), 재앙을 막는 벽사(辟邪:요사스러운 귀신을 물리침)의 상징으로 여겨졌다. 특히 전해 내려오는 설화에 따르면 해태는 물에 사는 짐승이므로 오행설에 따라 불을 막아 주는 영수(靈獸:상서로운 짐승)로 믿었다고 한다.

《설문해자(說文解字)》에서는 해태를 다음과 같이 설명하고 있다.

獸也, 似牛, 一角. 古者訴訟, 令觸不直者
길짐승이다. 그 모양은 소와 비슷하며 뿔은 하나다. 옛날에는 소송이 일어났을 때 (소송 당사자 중) 정직하지 못한 사람을 집어버리는 명령을 수행했다.

이것으로 보아 경복궁 정문에 해태가 세워진 이유가 무엇인지 짐작할 수 있다. 그래서인지 해태는 궁중뿐만 아니라 민간에 이르기까지 다양하게 사용되었다.

광화문 해태상은 언제부터 존재했나?

해태가 조선 초 경복궁을 건설할 때부터 있었던 것은 아니다. 해태가 만들어진 시기는 1864년 흥선대원군이 경복궁을 중건할 때이다. 서울의 화기(火氣)를 진압하기 위해 두 개의 해태상을 만들어 광화문 앞에 세웠다고 한다. 지금 광화문 앞에 세워진 해태가 바로 그것인데, 당시 이세욱이라는 뛰어난 석공이 조각했다고 전해진다.

해태와 해치

선악을 구별하고 화마로부터 보호해 준다는 상상 속의 동물인 '해태'의 원래 이름은 무엇일까? 사자와 비슷하게 생겼으며 머리에 뿔이 있다고 전해지는, 해태의 한자 이름은 '해치'이다.

예로부터 사람들은 해치를 정의를 지키는 동물로 믿었으며, 법을 심판하는 사람은 해치관, 즉 해태가 새겨진 관모를 썼고, 대사헌의 흉배 문양에 해태를 새기기도 했다. 이런 해태의 의미를 반영하기라도 하듯 정의와 법과 진리를 수호해야 하는 정부 기관인 국회와 검찰청에도 해태상을 만들어 세웠다.

국회의사당을 지키고 있는 해태상.

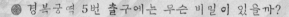

- 경복궁역 5번 출구에는 무슨 비밀이 있을까?
- 영추문이 무너진 게 순종 탓이라고?
- 하향정은 이승만 대통령의 낚시터였다?
- 명성황후가 살해된 건청궁도 잘못 복원되었다고?
- 향원정 다리는 왜 비뚤어졌을까?
- 80년 만에 돌아온 자선당 유구는 왜 방치되고 있을까?
- 어처구니가 없는 근정전?

경복궁

경복궁역 5번 출구의 일본식 석등.
문화재제자리찾기의 끈질긴 노력으로 2012년 철거되었다.

경복궁역 5번 출구에는 무슨 비밀이 있을까?

2011년 12월 27일 국립고궁박물관에서 기획한 '다시 찾은 조선왕실 의궤와 도서' 특별전에 다녀왔다. 일본으로부터 되찾은 〈조선왕실의궤〉를 일반인들에게 처음으로 공개하는 전시회였다. 그날 나는 좀 들떠 있었다. 지난 5년 동안 추진했던 '조선왕실의궤 환수'와 관련한 일이 마무리되어 대중들에게 '의궤'가 장엄한 모습을 드러내는 자리인 만큼, 설레는 마음을 감추기 힘들었다.

그날 문화재청장을 비롯한 관련 공무원들의 표정에도 감개무량함이 역력했다. 민간과 정부가 호흡을 맞춰 이뤄낸 '민족적 쾌거'란 문화재청장의 인사가 있었고, 참석한 주요 인사들도 의궤를 관람하며 '상세하고 방대한 기록'에 탄성을 아끼지 않았다.

〈조선왕실의궤〉의 쓸쓸한 귀환

그러나 '조선왕실의궤의 귀환'이 갖는 '역사적 상징성'에 비추어 본다

2011년 12월 27일 '다시 찾은 조선왕실의궤와 도서 특별전'이 국립고궁박물관에서 개최되었다.

면, 그날의 행사는 좀 초라했다는 냉정한 평가를 내리지 않을 수 없었다. 국무총리나 주무 장관의 참석 없이 문화재청장 주관으로 이루어졌을 뿐만 아니라, 국립고궁박물관이 '의궤 환국의 의미'를 충분히 이해하고 있지 못하는 것 같았기 때문이다.

축사를 하는 사람들도 '일본이 그동안 잘 보관해 주어 고맙다.'는 발언으로 일본 정부에 감사의 뜻을 전했지만, '조선왕실의궤 환수'를 위해 아무런 대가 없이 불확실한 미래를 향해 혼신의 힘을 다해 걸어갔던 이들에 대한 감사는 한 구절도 없었다. 환수 운동을 전개했던 사람들은 철저히 배제되었고, '2010년 일본 총리 담화'로 의궤 환수가 결정된 뒤, 정부 인사들이 추진해 온 과정만이 반환 경과로 소개되어 있었다.

〈조선왕실의궤〉 환수 운동을 통해 되찾고 싶었던 것은 '종이와 먹'으로 쓰여진 한 권의 책이 아니었다. 1895년 을미사변 당시 일본인들의

조선왕실의궤 환수위원회가 2009년 9월, 일본 내각부 앞에서 조선왕실의궤의 반환을 촉구하는 시위를 벌이고 있다.

칼날에 쓰러진 명성황후의 죽음, 그리고 2년 2개월이란 역사상 가장 길고 슬펐던 장례식 기록, 〈명성황후 국장도감의궤〉마저 일본에 빼앗기고 살았던 지난 100년의 설움, 일제의 압제에 쫓겨 만주로, 시베리아로 남양 군도로 뿔뿔이 흩어져 떠돌이가 되었던 민족, 하루아침에 노예가 되어 천덕꾸러기로 전락했던 슬픈 민족의 자존심을 되찾고 싶었다. 백제 왕릉이 다이너마이트로 폭파되고, 놋그릇까지 공출당하는 등 모든 것을 빼앗기고 울먹이며 살아남았던 슬픈 '조선 혼'을 달래는 일, 나아가 남북으로 허리가 잘려 서로 으르렁대는 7천만 겨레의 마음을 하나로 모아 '민족적 동질성'을 회복하는 데 기여하는 것! 이것이 진정 내가 실현하고 싶었던 진실한 가치였다.

그러나 안타깝게도 그날의 〈조선왕실의궤〉는 문화재 반환을 넘어서는 의미를 부여받지 못하고 있었다. 〈조선왕실의궤〉 환수는 완전한 성공이 아닌 절반의 성공으로 그렇게 끝나 버린 듯했다.

경복궁역 5번 출구에 왠 석등?

쓸쓸한 마음을 가누지 못한 채 행사가 끝난 뒤 국립 고궁박물관에서 나오면서 충격적인 장면을 목격했다.

아니 여기 왜 부석사 무량수전 앞 석등이 서 있지?

경복궁역 5번 출구로 들어서는데 석등이 서 있는 게 아닌가! 불교 문화재인 석등이 유교 국가를 표방했던 조선의 법궁의 이름을 붙인 지하철역에서 있는 게 선뜻 납득되지 않아 서울시에 그 내력을 물어보았다.

지하철 3호선 경복궁역은 1985년 '중앙청역'이라는 이름으로 서울시 지하철 건설본부 주관 하에 시

국보 17호, 부석사 무량수전 앞 석등.

공사인 (주)삼성종합건설이 건설하였다. 당시 중앙청역의 디자인 주제는 김수근 교수 외 4인의 자문을 거친 '석조전(石造殿)'이었다고 한다. 화강석으로 우리 고유의 전통미와 건축미를 부각하고, 십장생도 등을 벽화로 표현하였다고 한다. 석등도 이때

경복궁역 5번 출구의 석등 조형물(왼쪽 사진)과 일본 신사 진입로의 석등(우에노 공원).

설치되었던 것으로 추정된다는 답변이었다.

　경복궁역 5번 출구에 설치되어 있던 이 석등의 모양은 국보 17호 '부석사 무량수전 앞 석등'과 유사했다. 그런데 왜 조선 시대 궁궐의 대표격인 경복궁에 절의 대웅전이나 부도 앞에 세우는 석등을 설치한 것일까? 숭유억불 정책을 폈던 조선 정치의 핵심 장소에 부처님께 바치는 석등을 설치한 것은 이해할 수 없을 뿐더러 우스꽝스럽기까지 했다.

　그런데 그보다 더욱 심각한 문제는 석등의 배치 양식이었다. 이 양식은 놀랍게도 우리나라의 미술사에서는 한 번도 나타나지 않았을 뿐만 아니라 이곳을 제외한 다른 어떤 곳에서도 볼 수 없는 형태였다. 더구나 일본 신사의 진입로(참배를 위한 길이란 뜻에서 참도(參道)라고 부름)에서만 나타나는 형식과 유사해 보였다. 우리나라 석등은 부처님을 모신 법당이나 스님의 부도 앞에 오직 1기만 설치하는 특징을 갖는 데 비해, 경복궁

5번 출구처럼 여러 개의 석등을 1열로 배치하는 것은 거의 모든 일본 신사가 따르는 일본만의 전통이었다.

설마 아직도 친일파들이 숨어서 일본의 지령을 받고 있는 건 아닐까?

음모(?)가 아니라면 그토록 일관되게 발견되는 '일본식 상징들'을 어떻게 설명할 것인가? 세상에는 논리적으로 설명하기 어려운 일들이 많이 있다. 이를테면 대한제국의 선포를 하늘에 고했던 환구단의 일본식 조경, 이순신 장군의 사당인 현충사 앞에 일본 특산종 금송을 심은 일들이 그렇다. 경복궁역 5번 출구의 일본식 석등 배열도 마찬가지이다.

경복궁 진입로를 일본 신사처럼 만든 이유는?

조선 역사의 최고 상징인 경복궁의 진입로나 다름없는 경복궁역 지하도를 일본 신사 진입로처럼 만든 것은 과연 우연이었을까? 이러고도 우리나라에 일본의 지령을 받는 친일 세력이 없다고 할 수 있을까? 누군가의 의도로 그런 상징들이 나타나고 있는 건 아닐까? 100년 만에 되찾아온 〈조선왕실의궤〉 반환 기념 특별전을 다녀온 후 며칠간 나는 꼬리에 꼬리를 무는 무시무시한 고민에 사로잡혀 있었다.

그로부터 며칠 뒤 나는 경복궁역 석등에 관한 칼럼을 하나 썼고, 한겨레 온라인 판에 게재되었다. 뜻밖에도 여러 매체들이 칼럼에 대해 관심을 보여 주었다. 포털 사이트에 주요 기사로 발탁되었고, 친일반민족행

위진상규명위원회 사무처 처장을 역임했던 정운현 처장도 자신의 블로그 '보림재'에 '경복궁역 일본식 석등 배열'의 문제점에 대해 고발, 더욱 열띤 토론의 장을 열어 주었다. 그럼에도 불구하고 대중들의 반응이 곱지만은 않았다. 그까짓 석등을 일본식으로 배열했다고 해서 친일파의 음모 운운하는 것은 과도한 반응이란 의견이 지배적이었다. 나아가 어떤 사람은 그것도 우리 근대 문화의 한 모습이므로 철거해서는 안 된다는 의견을 댓글로 개진하기도 했다.

설령 일본만이 가지는 고유 방식이라고 해도 철거해서는 안 됩니다. 그 역시 우리가 가지고 오늘날 품고 살아가는 근대 문화의 한 면모이기 때문입니다. 일제 잔재이기 때문에 철거해야 한다구요? 그런 식이었으면 이 땅에 남아 있는 모든 근대 문화 유물들은 죄다 파괴시켜 버려야 하겠군요. 교육 체계, 법 체계도 모두 바꾸고, 트로트, 일식을 비롯한 일본이 전파한 모든 문화들은 폐기처분해야겠군요.

- 네티즌의 글에서 인용

도쿄 우에노 공원의 도쇼궁 진입로 전경. 일렬로 늘어선 일본식 석등 배치가 인상적이다.

경복궁역 5번 출구 석등 철거 모습.

이런 논란의 와중에서 2012년 1월 19일, 나는 서울시와 문화재청에 '경복궁역 석등 철거 신청서'를 접수했다. 이에 대해 문화재청은 경복궁 역에 설치된 석등은 최근 제작된 구조물이고, 경복궁 바깥 지역이므로 자신들의 소관이 아니라고 답변했다. 다시 서울시에 문의한 결과 석등 은 지하철역 안 구조물이므로 '서울 메트로'와 해결할 일이지, 서울시 소 관 사항이 아니라고 했다. 할 수 없이 발길을 서울 메트로로 돌릴 수밖 에 없었다. 그후 서울 메트로 관계자들과 몇 번의 만남이 있은 후에 서울 메트로는, 2012년 5월 30일 "경복궁역 안에 있는 석등이 일제 잔재라는 지적이 있어 검토한 결과 철거를 결정했다."는 희소식을 전해 주었다. 문화재청에서 서울시로, 서울시에서 서울 메트로로 옮겨다니는 번거로움이 있었지만 진실의 힘이 확인되는 순간이었다.

결국 2012년 7월 2일 새벽, 경복궁역 5번 출구에 자리 잡았던 석등 6개는 완전히 철거되었다. 철거 작업은 생각보다 어려웠다. 석등을 처음 역 구내에 배치할 때는 기계 작업이 가능했지만, 철거할 때에는 계단 때문에 중장비가 진입할 수 없어 사람 손으로 옮겨야 했기 때문이다. 그런 어려움에도 불구하고 '일제 잔재'를 경복궁 진입로에서 철거해야겠다는 의지로 작업을 진행해 준 서울 메트로 관계자 분들께 다시 한 번 감사드린다.

경복궁의 서문인 영추문.

영추문이 무너진 게 순종 탓이라고?

1926년 1월, 우리 궁궐 역사에 있어서 가장 비극적인 일이 일어났다. 조선 왕조의 권위를 상징하던 경복궁 한복판에 식민 지배의 최고 기구인 조선총독부가 완공된 것이다. 일제가 조선의 가장 상징적 공간에 진입, 총독이 마치 조선의 군주를 대신해 통치하는 듯한 이미지를 만들어 내려는 의도였다.

같은 해 4월 25일, 조선의 마지막 군주인 순종이 창덕궁에서 승하했다. 위엄도 실권도 없이 허수아비 제왕으로 살았던 순종을 마지막으로, 조선은 왕가의 맥이 끊어진 셈이었다. 망국의 백성들도 군주의 허망한 죽음을 받아들이며 국상(國喪)을 준비하고 있었다.

순종이 승하하자 영추문이 무너져 내렸다

순종의 승하를 마지막으로 경복궁에서 제왕의 기운이 사라졌기 때문일까? 이틀 뒤인 4월 27일, 돌연 경복궁 서문인 영추문(迎秋門) 담장 한

담장 한 쪽이 무너져 내린 영추문의 모습. 담장 옆으로 전차가 서 있는 모습이 보인다.

쪽이 무너져 내렸다. 붕괴 이유는 다름 아닌 조선총독부 청사 건립을 위해 개설된 전차 때문이라고 추정되었다. 조선총독부 청사 건립 공사는 10여 년 동안이나 계속되었는데, 경복궁 내 공사장까지 전차 차로를 연결해 자재를 운반했기 때문이었다. 동대문 석산에서 채취한 화강암과 한강의 모래 그리고 마포 연와공장의 벽돌을 모두 전차로 옮긴 것이다. 그 전차의 종점이 영추문 앞이었다고 한다. 더구나 영추문이 무너지기 한 달 전 광화문에서 조선총독부까지의 전차 구간이 복선화되었는데, 선로가 궁궐 담에 바짝 붙어 가설되었기 때문에 진동을 견디지 못한 영추문 담장이 무너져 내리고 말았던 것이다.

담장 붕괴 이후 일제는 담장을 복구하기는커녕, 영추문을 완전히 철거해 버렸다. 조선총독부 청사를 건립하면서 광화문을 뜯어 낸 조선총독부가 영추문에 애정이 있었을 리 만무했다.

원각사 출입문에 영추문 현판 달고

담장의 붕괴로 영원히 사라진 영추문이 그 이름을 드러낸 것은 세월
이 한참 지난 1970년 12월 22일이었다. 창덕궁 돈화문 앞에 있던 국립
국악원 정문을 이건(移建)해 온 것이었다. 육축 기단부 없이 단층짜리로
조촐했던 이 문은 원래 원각사 출입문이었는데, 창덕궁 앞에 있던 국립
국악원 정문으로 쓰였었다. 그러다가 1967년 국립국악원이 장충동으

영추문 전경. 영추문은 경복궁 서문(西門)이며 연추문(延秋門)이라고도 불린다. 서쪽은 방
위로 볼 때 가을[秋]에 해당하기 때문에 세종 때 영추문이라 하였다고 한다. 따라서 서쪽
방위신인 백호가 출입문 천장에 그려져 있다. 임진왜란 때 화재로 소실된 것을 경복궁 중
건시 함께 건립하였다. 1926년 석축이 무너지면서 철거되었고, 1975년 원래 위치보다
북쪽에 복원되었다.

1970년 당시 경복궁 영추문의 모습으로 국립국악원 정문을 이전해 왔다. 원래 원각사 출입문으로 쓰였던 이 문은 영추문의 원래 모습과 맞지 않고 궁궐의 문으로서 어울리지 않는다는 이유로 다시 철거되었다.

로 이전하자, 국립국악원 정문을 뜯어 경복궁 영추문 자리로 이전한 것이다. 그러니까 원각사 출입문에 영추문이란 현판을 단 것이다. 따라서 원래 영추문의 모습과는 딴판일 뿐만 아니라 경복궁 출입문으로 적절치 않아 오히려 경복궁의 경관을 해친다는 지적을 받았다.

문화재관리국도 국립국악원의 문이 영추문으로 적합하지 않다는 데 입장을 같이했다. 이에 정부는 1974년 8월 복원 계획을 수립, 설계를 완료하고 21일 복원 공사 기공식을 갖게 된다. 이때 세워진 영추문이 지금 우리가 보고 있는 영추문인데, 1975년 당시 영추문 복원 관련 기록을 살펴보니 몇 가지 문제점이 보였다.

영추문 공사는 6개월 만에 콘크리트 구조물로 복원되었다. 광화문도

영추문 복원 투시도(왼쪽 사진). 착공 6개월 뒤 열린 준공식에 참석하고 있는 당시 김종필 총리(오른쪽 사진).

콘크리트로 복원하던 시대였음을 감안하면 어쩔 수 없었을 것이다. 준공일을 8월 15일로 정한 것은 광복절에 맞추기 위한 조치였을 것으로 보이는데, 그렇다 하더라도 6개월 만에 공사를 종결시킨 것은 지나치게 성급한 계획이었던 듯하다. 더 큰 문제점은 원래 있던 자리에서 북방 48미터 지점에 복원했다는 점이다. 당시에는 조선총독부 청사였던 건물을 최고 행정기관인 중앙청으로 사용했기 때문에 원래 자리에 복원하는 것이 어려웠던 듯하다. 그러나 무슨 일인지 정작 8월 15일에 준공식을 못하고, 8월 30일에서야 준공식을 거행하였다.

　광화문의 복원도 콘크리트로 이루어졌던 시절인 만큼, 경복궁 문인 영추문을 콘크리트 건물로 성급하게 지었다고 탓할 일은 아닌 듯싶다. 조선총독부 청사가 중앙청으로 쓰여 경복궁과 청와대 경비가 엄중하던 시절의 일이니 북쪽으로 48미터 밀려 올라가 복원되었다는 것도 이해 못할 일은 아니다. 그러나 엄밀한 의미에서 '바람직한 복원'이라고 볼 수

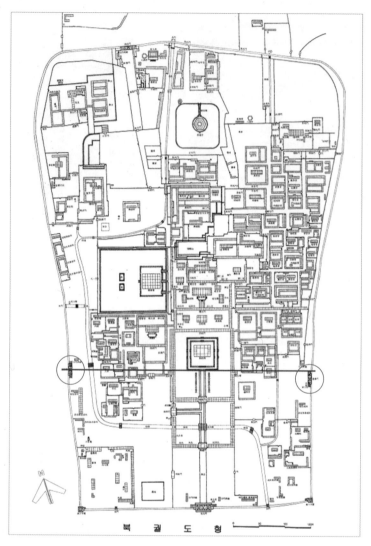

북 궐 도 형

〈북궐도형〉은 1865년(고종 2) 흥선대원군이 경복궁을 중건한 후인 19세기 말에 제작된 것으로
추정되는데, 일종의 건물 배치도라고 할 수 있다. 도면 전체를 1.1×1.1㎝ 크기의 눈금으로 나누
어 붉은색 선을 긋고, 이를 기준선으로 삼아 경복궁 남문인 광화문으로부터 북문인 신무문까지
의 건물 배치 상황을 검은 먹줄로 그려 경복궁 복원의 중요한 근거 자료로 활용했다. 왼쪽 원은
영추문이고, 오른쪽 원은 건춘문이다. 두 개의 문이 경복궁 축과 거의 일직선에 놓여 있음을 확
인할 수 있다.

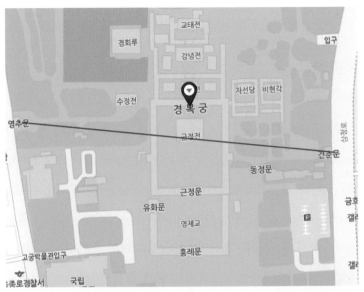

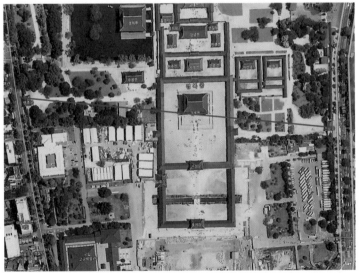

현재 지도(위 사진)와 위성 사진을 살펴보면 중건 당시 경복궁 모습에 구현된 좌우 균형
과 다르게, 대칭이 잘못된 위치에 복원되어 완전히 깨져 있음을 알 수 있다. 동문인 건춘
문은 고종 2년(1865)에 중건되어 지금까지 같은 위치에서 보존되고 있으나 영추문은 잘
못된 위치에 복원했음을 확인할 수 있다.

는 없다.

영추문의 위치, 바로잡아야

국립문화재연구소에는 고종 때 경복궁 중건 당시의 상황을 알 수 있는 〈북궐도형〉이 보관되어 있다. 이를 근거로 영추문 위치를 고증해 보면, 근정전을 중심으로 동쪽의 건춘문과 수평선상에 위치하여 좌우 대칭 구조를 이루고 있음을 알 수 있다. 이는 건축 공간을 기하학적 완결성에 입각해 배치하려는 배려였으며, 조선 시대의 정궁으로 건축한 경복궁의 권위를 입증하는 '구조적 계산'이었음을 추론하게 한다.

그렇다면 현재 북쪽으로 48미터 위에 건축한 영추문 복원 위치는 대칭 구조를 파괴한 형태이며, 애초의 경복궁 모습과는 전혀 다르게 좌우의 날개가 기울어져 균형이 깨진, '실패한 복원'이라는 안타까운 결론에 도달하게 된다.

영추문은 국문학사의 백미(白眉)라고 일컬어지는 〈관동별곡〉의 서두에도 그 자취를 남기고 있다.

강호에 병이 깁퍼 듁님의 누엇더니 관동 팔백니에 방면을 맞디시니 어와 셩은이야 가디록 망극ᄒᆞ다. 연츄문(영추문) 드리ᄃᆞ라 경회 남문 ᄇᆞ라보며 하직고 믈너나니 옥졀이 알ᄑᆡ셧다.

– 정철, 〈관동별곡〉

2006년 '광화문 제 모습 찾기'의 일환으로 콘크리트 광화문이 철거되고 원래의 자리를 찾아 복원된 것처럼 영추문도 제자리를 찾아가기를 기대하는 것은 과욕일까?

송강 정철의 〈관동별곡〉을 읊조리며, 얼마만큼의 세월이 지나야 영추문의 원래 모습을 찾을 수 있을지 희망 없는 생각을 되짚어 본다.

경회루 구석에 있는 하향정.
이승만 대통령이 낚시를 즐기기 위해 만든 정자이다.

하향정은 이승만 대통령의 낚시터였다?

　지금으로부터 20년쯤 전 수업 시간에 처음 그 이야기를 들었을 때 마음속으로 그냥 우스갯소리이겠거니, 하고 생각했었다. 이승만 정권을 다루던 한국 현대사 시간이었는데, 발표와 토론이 오가는 자리에서 이승만 대통령이 궁궐에서 종종 낚시를 했다는 이야기를 듣게 되었다.

　설마 대통령이 경복궁에서 낚시질을 했을라고?

　20년의 세월을 넘어 까맣게 잊고 있던 '이승만의 낚시' 이야기가 생각난 것은 2012년 청남대에서 열렸던 '건국의 대통령 이승만을 만나다'라는 특별전 때문이었다. 이 전시회를 즈음해서 이승만 대통령 관련 희귀 사진들이 대거 공개되었는데, 이 사진들을 살펴보다가 뜻밖의 사진 하나를 발견했다(내가 직접 청남대에 간 것은 아니고 청남대 특별전과 관련된 사진을 살펴보았다는 의미이다.). 대통령이 전통 정자에서 프란체스카 여사와 낚시를 하는 사진이었다. 학창 시절에 들었던 우스갯소리가 생각난 나는 사

뭇 진지해져 이승만 대통령의 낚시 취미에 대해 알아보다 재미있는 가
설에 도달하게 되었다.

이승만 대통령은 지독한 낚시광(?)으로, 어찌 보면 일생을 낚시와 함
께했다고 해도 과언이 아니다. 이승만 대통령의 방귀 소리를 듣고 누군
가가 했다는 그 유명한 "각하 시원하시겠습니다."란 아부도 낚시 중 일
어난 일이었다고 한다. 이 이야기는 이승만 대통령이 진해에서 낚시를
즐기던 중 있었던 실제 사건으로, 지금도 그 장소는 이승만 대통령 별장
및 정자(경상남도 유형문화재 제 265호)로 잘 보존되어 있다.

또 화진포에 있는 이승만 대통령 별장도 낚시와 뗄 수 없는 장소이다.
휴양을 위해 자주 찾았던 화진포 별장에는 생전의 유품들을 복원하여
생동감 있게 전시하고 있는데, 이곳에 대통령이 사용하던 낚싯대가 전
시되어 있다. 화진포 별장에서 즐겨 낚시를 하던 것을 기념하기 위해 유
족들이 기증했다고 한다.

이승만 대통령은 6 · 25 전쟁 당시에도 낚시를 했다?

이승만 대통령은 1950년 6·25 전쟁이 발발했던 날도 낚시를 하고 있
었다고 한다. 당일 아침 오전 8시경 창덕궁 후원에서 낚시를 하던 중 황
급히 달려온 국방부장관으로부터 북한의 남침 사실을 보고 받았다고 알
려져 있다.

1960년 4대 대통령 후보로 입후보한 이 대통령을 소개한 당시 유력
신문기사의 첫머리도 낚시 이야기였다.

화진포 이승만 대통령 별장에 전시된 이승만 대통령의 낚싯대(왼쪽 사진), 흔히 알려져 있기로
이승만 대통령은 대나무로 만든 전통 낚싯대만 사용했다고 하는데, 실제로는 전통 대나무 낚싯
대가 아니라 서양식 낚싯대였다. 이것도 누군가의 아부성 발언이 널리 퍼져 나간 일화가 아닐까
생각한다. 경남 진해에 위치한 이승만 대통령 별장(오른쪽 사진)도 경상남도 유형문화재
265호이다.

　　　짜를 강물에 늘어뜨리고 몇 10분이 흘러도 움직이지 않고 앉아 있는
분, 낚시 '열래'를 바라보고 있는 동안 아무런 말도 입 밖에 내놓지 않는
분, '낚싯대'는 반드시 한국 재래의 한 줄기 대나무를 쓰는 분, 낚은 고기
는 일어설 때 반드시 물에 다시 놓아 주는 분.

　이승만 대통령의 낚시 취미를 유유자적하며, 민족 전통을 지키는 일종
의 정치적 이미지 자료로 활용하는 듯한 느낌을 주는 아부성 기사였다.
　이승만 대통령과 낚시의 인연은 그 분을 대통령직에서 물러나게 했
던 4·19 의거에도 있었다. 1960년 3·15 부정 선거로 전 국민의 분노가
퍼져 나가기 시작하던 4월 11일, 부정선거 규탄 시위 도중 사라진 17살
남학생의 주검이 발견됐다. 어떤 낚시꾼이 마산항 앞바다에서 건져 올

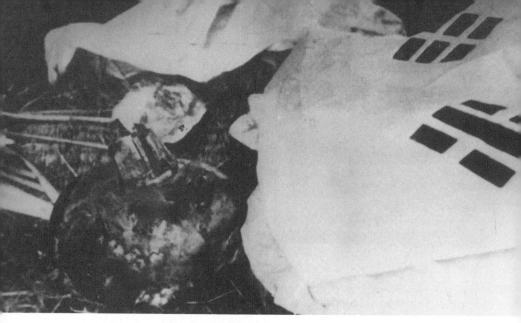

마산에서 낚시꾼에게 걸려 인양된 김주열 열사의 사체, 눈에 최루탄이 박혀 있다. 이 사진 한 장이 이승만 정권을 하야시킨 4·19 의거로 발전해 나갔다.

린 시신은 시위 중 실종되었다고 알려진 마산상고 1학년 김주열 군이었다. 당시 김주열 군의 주검은 오른쪽 눈에 최루탄이 박혀 있는 참혹한 상태였다. 그의 죽음은 부패한 정권에 대한 분노의 폭발점이 되어, 마침내 4·19 의거가 일어나 12년간 장기 독재하던 이승만 정권의 숨을 끊어 놓았다. 결국 이 사건으로 이승만 대통령은 대통령직에서 하야, 하와이로 망명한 뒤 병사할 때까지 낚시로 소일했다고 한다.

하향정은 이승만 대통령의 낚시터?

최근 나는 이승만 대통령의 낚시 취미 때문에 문화재청과 논쟁 중이다. 경복궁 경회루 옆 연못에 하향정이란 정자가 있는데, 이것은 이승만

〈國民(국민)의 審判(심판)을 기다린다〉, 동아일보(1960. 2. 15).

대통령의 낚시질을 위해 지은 정자란 소문이 있었다. 반신반의의 심경으로 문화재청에 사실 확인을 요청해 보았다. 하향정이 조선 시대와 아무런 연관 없이 이승만 대통령의 낚시를 위해 지은 정자라는 소문이 과연 맞는지 확인해 달라는 취지였다.

그런데 사실이었다. 경회루 옆 하향정은 조선 시대에 지어진 건축물이 아니라 대한민국 건국 이후 이승만 대통령의 여가와 휴양을 위해 지은 것으로, 문화재청은 이곳에서 대통령이 낚시질을 했다고 답변했다. 더욱 의아하게 만든 것은 아직도 하향정이 철거되지 않고 남아 있는 현실이었다. 경복궁 복원과 보존에 대한 문화재청의 행정 원칙은 1888년 경복궁 중건 당시를 기준으로 하고 있다. 그렇다면 아무런 고증 자료 없이 경복궁의 원형에 일방적으로 손상을 가한 대통령의 낚시터는 마땅히 철거되어야 하는 것이 아닐까? 게다가 하향정이 마치 조선 시대 궁궐의

경복궁 하향정(위 사진)과 이승만 대통령 내외가 낚시하는 사진(아래 사진). 사진에 나타난 정자의 문살 및 난간 모양, 지붕 추녀 등이 일치하는 것으로 보아 아래 사진은 이승만 대통령이 하향정에서 낚시하는 것이 분명해 보인다.

일부였던 것처럼 아무런 설명 없이 자리하고 있다는 사실도 이해할 수 없는 일이었다. 백 보를 양보하더라도 대한민국의 초대 대통령이 경복궁의 경회루 앞 연못에서 낚시를 하기 위해 정자를 지었다는 것은 그다지 흔쾌한 일은 아닌 듯싶다.

어떤 이들은 말한다. 그동안 경복궁 경회루 옆에 잘 있었으니 그 또한 역사의 일부이고 소중히 보존해야 되는 것 아니냐고……. 그도 그럴 법하다. 그렇다면 썩은 이빨은 왜 뽑고, 보기 싫은 흉터는 왜 성형 수술을 하는 걸까? 썩은 이빨과 보기 싫은 흉터도 자신의 몸의 일부이고 인생의 자취일텐데, 왜 사람들은 제 몸을 고치려고 하는 것일까?

경복궁의 하향정은 우리에게 무거운 질문을 던진다. 이른바 헌법 전문에 규정한 대로 '3·1 운동으로 건립된 대한민국 임시정부의 법통과 불의에 항거한 4·19 민주 이념을 계승'해서 세워진 대한민국은 과연 어떤 선택을 내릴 수 있을지…….

껍데기는 가라!

혜문스님의
역사 특강

경복궁 하향정 철거 문제를 대하는 태도

경복궁 하향정 철거 문제는 2013년 11월 문화재위원회에 회부되어 심의를 거쳤다. 문화재위원회는 ▲경회루와 연못의 경관과 조화를 이루고 있고 ▲당대 최고 목수가 건축한 건물이며 ▲대통령의 휴게 공간으로 사용되는 등 근대 역사적 의미가 있다는 점을 들어 '존치'를 결정했다.

이에 대해 '문화재제자리찾기'는 "경복궁 복원과 보존의 기준 연도는 흥선대원군의 경복궁 중건 이후인 1888년부터 1907년 사이로 책정되어 있다. 경복궁 복원의 행정 원칙을 무시하고 대한민국 대통령의 사사로운 낚시 취미를 위해 경복궁에 세운 정자를 존치하겠다는 것은 부당한 행정 처분이다. 나아가 문화재보호법 제3조에서 규정한 문화재 보호는 원형 유지를 기본 원칙으로 한다는 조항에 심각하게 위배된다고 생각한다."며 행정 심판을 제기했다.

여기에 경복궁 하향정 철거 여부 심사를 진행했던 문화재위원회의 회의록과 속기록을 공개한다. 2013년도를 살았던 대한민국의 문화재청과 전문가들이 어떤 생각을 가졌는지를 되새기는 후대의 기록이 될 것으로 기대한다.

경복궁 하향정 관련 회의록

안건번호 사적 2013-13-027

〈경복궁 경회루 주변 하향정 관리 방안 검토〉

가. 제안 사항

서울특별시 종로구 소재 사적 제 117호「경복궁」내 경회루 주변에 있는
하향정 관리 방안에 대해 부의하오니 검토하여 주시기 바랍니다.

나. 제안 사유

- ○ 하향정은 경회루 연지 북서쪽에 위치해 있으며 이승만 초대 대통
    령이 휴식을 겸하여 낚시를 즐기기 위해 지은 것으로 알려짐.
- ○ 하향정과 관련하여 문화재 원형 보존 및 복원이라는 원칙에 따라
    철거할 것을 주장하는 의견과 하향정도 역사적인 의미가 있으니
    기존 위치에 존치할 것을 주장하는 의견도 있음.
- ○ 이에 하향정 관리 방안(철거 후 이전 또는 현 위치 존치)에 대해 부
    의하오니 검토하여 주시기 바람.

다. 주요 내용

(1) 신 청 인 : ○○○

(2) 대상 문화재명 : 경복궁(사적 제 117호)

   ○ 소 재 지 : 서울시 종로구 세종로 1−1번지 등.

(3) 신청 내용 〈경복궁 내 하향정 관리 방안〉

   ○ 하향정 건축 개요

   − 건립연도 : 1959년(배희한 / 대목장 제74호)

─ 규모 및 양식 : 13.77㎡(4.17평), 1층, 6각 정자, 초익공.

○ 관리 방안

─ 철거 후 이전 : 한국전통문화대학교 등으로 이전하여 교육 자료로
  활용.

─ 현 위치 존치 : 근대 역사적 의미가 있으므로 존치하여 역사교육 등에
  활용.

라. 참고 자료

(1) 자문회의(2013. 8. 6 / 문화재위원 ○○○ · ○○○ · ○○○ 前 문
화재위원 ○○○)

○ 경복궁 2차 복원의 기준 시점(1888~1907)은 복원하는 고건물의
  기준 연대로 기존 건물의 철거 또는 존치 등의 사항은 별개로 검토
  하여야 함.

○ 하향정은 경복궁 경회루 및 연지의 경관과도 조화되고, 당대 최고
  목수 중 한 분이 건축하고 대통령의 휴게 공간으로 사용되는 등 근
  대 역사적 의미가 있으므로 존치하는 것이 타당함.

○ 단, 경회루 및 연지 원래의 모습과는 다소 다르므로 향후 이전의
  필요성이 있을 때는 이전 보존 등을 재검토토록 함.

(2) 자문회의(2013. 9. 13 / 문화재위원 ○○○, 前문화재위원 ○○○,

　　한국예술종합학교 ○○○)

　　○ 현대 보존·복원의 의미는 어느 특정 시점이 아닌, 모든 중첩된 시
　　　대(역사)를 존중해야 함(이코모스 헌장).

　　○ 하향정은 현재 경회루 및 연지의 경관과 어울리고 또한 근대 역사
　　　적 의미도 있다고 생각되므로 존치하는 것이 타당함.

마. 의결 사항

　　○ 원안 가결

　　─ 그대로 존치

　　○ 의결 정족 사항 : 출석 12명, 원안 가결 12명

경복궁 하향정 관련 문화재위원회 속기록

2013년 사적분과 13차 회의 주요 속기록(2013. 11.13)

○ **간사** 경복궁 경회루 주변에 하향정이 있습니다. ○○○ 설명해 주시기 바랍니다.

○○○ (PPT 자료 설명) 제안 설명 드리겠습니다. 경회루 북서쪽에 현재 하향정이라는 건물이 있습니다. 보시면 여기인데요. 근경이 되겠습니다.

하향정은 초대 대통령이었던 이승만 대통령께서 낚시를 즐겼던 장소로 알려져 있습니다. 하향정에 대한 건축적 조사를 해 보니까 1959년에 건립된 것으로 되어 있고, 1982년도에 우리나라 최초 대목장으로 지정된 배희한 대목장께서 건립하신 것으로 조사가 되었습니다.

최근 하향정과 관련해서 문화재 제자리 찾기 시민 운동 하시는 혜문 스님께서 당초 경복궁 중건했을 때 없었던 건물이기 때문에 철거를 해야 하는 것 아니냐 그리고 국회 안민석 의원님께서 국정감사에서 이 건물은 철거 · 이전해야 하고, 이 사항을 문화재위원회에서 심의를 해야 하는 것 아니냐고 그렇게 말씀을 하셨습니다. 그래서 금일 사적분과에 부의하게 되었습니다.

본 건과 관련해서 저희가 자문회의를 두 차례 실시했습니다. 전통건축하시는 분들하고 혹시 다른 의견도 있지 않을까 해서 근대 건축을 하시는 분들 해서 두 번을 했는데 공통된 의견은 이것도 하나의 역사가 아니냐고 해서 그래서 존치를 하는 것이 타당하다는 그런 의견들을 주셨습니다.

○○○ **위원** 이것은 그대로 이렇게 두는 것이 맞을 것 같아요. 제 의견은

그렇습니다. 이게 1960년대, 1959년에는 구한말의 목수 전통이 그대로 남아 있고 배웠던 사람들이 지었던 것이어서 설사 이게 원래 경복궁의 기본 궁궐 배치에서 없던 것이라고 하더라도 유적으로서 충분히 가치가 있다. 그래서 저것이 문화재로서의 가치가 있기 때문에 헐 이유는 없다고 생각합니다.

○○○**위원** 네, 동의합니다.

○○○**위원** 저도 검토를 했는데 실제로 하향정이 보기 싫다든지 어울리지 않는다든지 하면 모르겠는데 보시면 잘 어울립니다. 거기 연못하고도 잘 어울리고, 대통령 휴게 공간이었다고 하는 것도 역사성이 있고, 당대 최고의 목수가 했고요. 그래서 이것을 굳이 옮길 필요가 없다고 생각했습니다.

○○○**위원** 배희한 선생님 같은 경우 전통 목수 중에 계보를 잇는 사실 몇 안 되는 분 중 하나거든요. 그분 작품이 사실 현재 몇 개 남아 있지는 않습니다. 그래서 궁궐 목수의 계보를 잇는 굉장히 중요하신 분 중의 한 분이고 작품이 몇 개 없기 때문에 그것 자체로도 일단 중요성은 있다고 생각합니다.

○○○**위원** 저는 오늘 일부러 가 보았는데요, 애교 있고 그래요. 조그마한 게 있어 가지고요. 그것도 하나의 스토리고 그래서 지금 저것을 굳이 없앨 필요가 있을까 생각합니다.

○○○**위원장** 그러면 원안 가결

위원 전체 좋습니다. 원안 가결이요. 존치.

2007년 복원 완료한 경복궁 내 건청궁 정문.

명성황후가 살해된
건청궁도 잘못
복원되었다고?

건청궁은 1873년 고종이 경복궁 중건을 마무리하면서 궁궐 안의 가장 깊숙한 곳에 짓기 시작한 건물로, 왕의 거처인 장안당(長安堂), 왕비 거처인 곤녕합(坤寧閤) 그리고 부속 건물인 복수당(福綏堂) 등으로 구성되어 있었다. 이 해에 고종은 아버지인 흥선대원군의 섭정을 종식하고 친정(親政)을 선언하였는데, 이 때문에 역사학자들은 '건청궁 건립'을 고종이 대원군의 그늘에서 벗어나 정치적으로 독립하려는 의지를 드러낸 것이라고 풀이하기도 한다. 고종은 1884년부터 이 곳에 기거하면서 정무를 처리했는데, 안타깝게도 을미사변 이듬해인 1896년 러시아 공관으로 피신하는 '아관파천'을 단행하면서 건청궁은 그 기능을 상실했다. 그러다가 1909년 일제에 의해 헐려 역사에서 사라지는 운명을 맞았다.

건청궁도 부실 복원?

그로부터 100년 세월이 흐른 2007년, 일제에 의해 헐린 건청궁이 정부에 의해 복원되었다. 2004년 6월에 시작되어 3년여 만에 마무리된 이 공사에는 100억 원 가량이 들어갔는데, 당시 유홍준 문화재청장은 "하나를 짓더라도 제대로 짓겠다는 각오로 복원했다."며 "21세기 들어 가장 잘 지은 한옥이 이 건청궁일 것"이라고 했다.〈명성황후 비극 현장 건청궁 복원〉, 연합뉴스(2007. 10. 18)

그러나 '21세기 들어 가장 잘 지은 한옥'이라고 했던 건청궁이 복원한 지 3년 만에 문제가 생기고 말았다. 나무 기둥에 곰팡이가 피면서 새까맣게 부식되기 시작한 것이다. 문화재청도 2011년 7월 건청궁의 일부 건물 지붕 아래 서까래 등 나무 부재에서 누수 흔적의 하자를 발견했다고 발표했다. 또 시공사에서 관계 전문가 입회하에 하자 보수 공사를 진행할 계획을 밝혔지만, 지붕의 부실로 인해 누수가 생겨 목재에 부식이 진행되었다면 목재 자체를 교체하지 않는 한 완전한 개선은 불가능하다는 비관적 전망이 나왔다.

문화재 복원을 기념하는 행사장에는 늘 언론과 정치인들의 시선이 쏠리지만, 한참 지나고 나면 부실 복원의 꼬리표를 떼지 못하고 있는 가슴 아픈 현실을 우리는 자주 만나게 된다. 그만큼 문화재 복원에 관한 역사

명성황후는 을미사변 당시 일본 자객에 의해 건청궁에서 살해당했다. 사진은 명성황후의 침전인 옥호루이다. 1909년 일본에 의해 철거된 뒤, 98년 만인 2007년에 복원되었다.

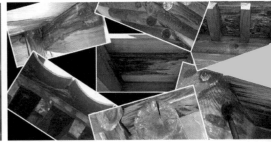

KBS 9시 뉴스에 보도된 건청궁 부실 복원 보도. 기둥이 검게 변색, 부식되어 가고 있는 정황을 보여 준다.〈100억 들인 부실 복원〉, KBS(2011. 11. 16)

문화적 원칙과 사명감이 부족하다고 볼 수밖에 없다. 더구나 건청궁이 어디인가? 명성황후가 일제의 자객에 의해 무참히 살해된 곳이 아니던가!

명성황후를 살해한 칼, 히젠도

1895년 10월 8일 새벽 5시경, 경복궁 광화문에서 한 발의 총성이 울렸다. 작전명 '여우사냥'. 조선공사 미우라와 일본인 자객들에 의해 자행된 명성황후 암살 작전의 시작을 알리는 신호였다. 일본인 자객들은 왕비의 거처인 건청궁(乾淸宮)에 난입, 명성황후를 암살하고 유해(遺骸)를 불태웠다. 110년 전의 그날, 명성황후의 목숨을 끊은 자객의 칼은 일본 신사의 귀중품으로 기증되어 지금까지 남아 있었다.

그 사실을 접하고 난 뒤 나는 2006년 8월, 후쿠오카 시내의 쿠시다 신사를 찾았다. 명성황후를 살해한 칼을 직접 보기 위해서였다. 쿠시다 신사의 책임자인 아베 켄노스케[阿部憲之介] 궁사는 상기된 얼굴로 우리 일행을 맞았다. 자주색 보자기에 싼 칼을 취재진에게 풀어 놓았을 때, 가슴 한 쪽에서 피가 울컥 쏠리는 느낌이었다. 전체 길이 120㎝, 칼날 90㎝. 칼이 뿜어 내는 살기는 방안을 서늘하게 흥분시키고 있었다.

아! 이것이 조선의 심장을 찌른 칼이구나.

나무로 만든 칼집에는 '일순전광자노호(一瞬電光刺老狐, 늙은 여우를 단칼에 찔렀다)'라고 적혀 있었다. 칼의 주인이 시해 당일, 작전명 '여우사냥'의 성공을 기념하기 위해 새긴 것이라고 한다. 궁사는 잠시 동안의 정적을 깨며 이 칼에 대해 다음과 같이 짤막한 설명을 덧붙였다.

이 칼은 히젠도라고 불립니다. 16세기 에도 시대에 다다요시[忠吉]란 장인에 의해 만들어진 명검입니다. 제작 당시 전투용으로 만들어진 것이 아니라 살상용, 다시 말해 사람을 베기 위한 의도로 만들어졌습니다. 우리는 명치 41년(1908) 토오 가즈아끼란 분이 신사에 기증했다고만 알고 있습니다.

그러나 기증 당시의 정황을 기록한 문서에는 모든 것이 다 적혀 있었다. 토오 가쯔아끼가 이 칼을 기증할 당시 궁사가 중요한 내용을 기록해 놓았다는 서류에는 "왕비를 이 칼로 베었다."고 적혀 있었다. 그 대목을 우리가 소리 내어 읽자 궁사는 별다른 반응 없이 머리만 끄덕였다. 이 사진이 공개되면 혹시라도 몰고 올 정치적 파장을 우려했기 때문일 것

쿠시다 신사의 기증 서류. 토오 가쯔아끼가 히젠도를 기증했다고 기록된 이 문서에는 '이 칼로 조선의 왕비를 베었다.'고 기재되어 있다.

이다.

　토오가 정말 명성황후를 절명시켰는지는 아무도 모릅니다. 다만 왕비의 침실에 난입한 사람 중 하나란 것은 맞습니다. 사건 당시 왕비는 궁녀와 같은 복장을 하고 있었기에 그가 살해한 사람이 궁녀일 수도 있고…….

　궁사는 말끝을 흐리며 그 이상 다른 말을 하지 않았다. 긴 설명을 늘어놓을수록 난처해질 거라고 생각했을 것이다. 그런 심경을 반영하듯 그의 얼굴은 대취한 술꾼처럼 붉게 달아올랐고, 손은 미세하게 떨리고 있었다. 칼에서 뿜어져 나오는 살기는 방안에 있는 모든 사람을 긴장시키고 있었다.

　칼을 신사에 기증한 토오 가쯔아끼[藤勝顯]는 명성황후 살해 사건 당

후쿠오카 쿠시다 신사에 보관되어 있는 히젠도의 모습. 17세기 장인 다다요시가 만든 칼로 칼집에 '늙은 여우를 단칼에 베었다.'라고 새겨져 있다.

시 왕비의 침전(옥호루)에 난입한 세 사람 중 한 명이다. 일본의 저명한 문필가 쯔노다 후사꼬는 자신의 저서 《명성황후-최후의 새벽》에 사건 당시 살해 용의자들의 수기와 증언을 적어 놓았는데, 그중에 실린 데라사키의 편지에 살해 당시의 정황을 이렇게 기술하고 있었다.

　　나카무라 다테오, 토오 가쯔아끼, 나(데라사키)세 사람은 국왕의 페지를 무시하고 왕비의 방으로 들어갔다.

　　그리고 또 하나의 주장에 의하면 "나카무라 다테오가 곤녕합(坤寧閤)에 숨어 있던 명성황후를 발견하여 넘어뜨리고 처음 칼을 대었고, 곧 이어 달려온 토오 가쯔아끼가 두 번째로 칼을 대어 절명시켰다."고 한다.

　　정리하자면 토오 가쯔아끼는 왕비의 침실로 최초 난입한 세 사람 중 하나였고, 명성황후를 향해 이 칼을 휘둘러 절명시켰던 가장 유력한 사람였던 것이다. 고종은 을미사변 이후 토오 카쯔아끼를 살해범으로 지목, 황금 1만 냥의 현상 수배금을 걸기도 했었다.

명성황후의 비참한 최후의 증언, 에이조 보고서

을미사변 당시 명성황후의 비참한 최후를 옆에서 지켜본 '이시즈카 에이조'란 일본인이 있었다. 그는 사건 현장에 있었고 차후에 발생될 파장을 예견, 미우라 공사의 재가 없이 일본 정부의 법제국 장관인 스에마쓰 가네즈미[末松謙澄]에게 서간 형식으로 보고서를 송부한다. 〈에이조 보고서〉라 불리는 이 문서는 일본 국회 '헌정 자료실'에 이토 백작가 문

후쿠오카 쿠시다 신사. 이 신사 안에 명성황후를 살해한 칼인 히젠도가 보관되어 있다.

서 '조선 왕비 사건 관계 자료 헌정 546호'란 이름으로 편철되어 있었다.

에이조 보고서가 대대적으로 공개된 것은 한일협정이 있었던 1965년 12월 3일, 일본 국회의 일한조약특별위원회(日韓條約等特別委員會)에서인 것으로 보인다. 이날 일본 공명당 소속의 쿠로야나기 아키라[黑柳明] 의원 은 당시 총리 사토오 에이사쿠[佐藤榮作]에게 지난 시기 한일 관계의 불평 등에 대한 일본의 잘못을 지적하면서 '에이조 보고서'에 대해 언급했다.

에이조 보고서는 '(1) 발단, (2) 명의, (3) 모의자, (4) 실행자, (5) 외국 사신, (6) 영향' 등의 6개 장이 10쪽에 걸쳐 기재되어 있다. 그중 다음 대 목은 '사체 능욕설'의 근거가 되어 많은 사람의 분노를 불러일으켰으며, '황태자비 납치 사건'이란 김진명 소설의 모티브가 되기도 했다.

> 이들은 대궐의 깊은 안쪽까지 들어가 왕비를 끌어내고 두세 군데 칼부 림을 하고 옷을 발가벗겨 나체로 만든 뒤, 생식기 검사(우습기도하고 화 가 치미는 일입니다.)까지 했다고 합니다. 그리고 마지막으로 기름을 뿌 려서 태워 버렸다고 합니다. 참으로 이것을 쓰기 염려가 됩니다. 차마 쓸 수가 없습니다.

이 같은 기록에 의해 판단할 때, 왕비의 '사체 능욕설'은 상당한 신빙성 이 있다고 볼 수 있다. 에이조가 차마 쓸 수가 없다고 말한 행위는 무엇 일까? 이 문서를 좀 더 자세히 살펴보면, "그나마 다행인 것은 가장 꺼림 칙한 상황에 대해선 외국인은 물론 조선인에게도 알려지지 않는 모양" 이란 구절, "불행하게도 어떤 미국인[米人]이 현장을 목격했다."는 구절

이용수 일본군 위안부 피해자 할머니, 최봉태 변호사 등과 함께 진행한 히젠도환수위발대식.
(사진 출처 : 연합뉴스, 2010. 3. 26) 명성황후의 장례식 기록인 〈명성황후 국장도감의궤〉는
1922년 조선 총독의 기증으로 일본 궁내청 황실도서관에 보관되어 있었으나, 문화재제자리찾
기의 노력으로 2011년 우리나라로 반환되었다.

이 등장하고 있다는 걸 알 수 있다. 여기서 현장을 목격한 미국인은 시위
대의 교관이었던, 미국인 다이와 러시아 인 사바틴 등 두 명이었다. 그런
데 미국인과 러시아 인에게 목격된 사실 외에 외국인에게 알려지지 않
은 '가장 꺼림칙한 일'이란 무엇을 의미하는 것일까?

아마도 그 일은 미국인과 러시아 인이 사건 현장을 떠난 뒤에 일어났
던 사건들일 것이다. 그들은 살해 현장까지만 목격했고, 그들이 현장을
떠난 뒤 일본인들에 의해 '옷을 발가벗기고 나체로 만든 뒤, 국부 검사를
하는 행위'가 있었던 것 같다.

그들이 현장을 떠난 뒤 일어난 '차마 쓸 수 없다'고 말한 행위는 '국부 검
사나 '시체를 태운 일'에 국한되는 의미는 아닌 듯하다. '능욕설'에 대해
지나치게 비약해서 말하는 것은 경계해야겠지만, 명성황후가 '국부 검사'

이상의 능욕을 당한 것만은 사실인 듯하다. '국부 검사'에 대해서는 이미 말하고 있는데, 이것을 '차마 쓸 수 없다.'고 기재할 리가 없기 때문이다.

명성황후는 살해된 뒤, 경복궁 뒷산에서 석유로 불태워졌고, 남은 유해(遺骸)는 향원정 연못에 버려졌다. 시신이 없었기 때문에 장례를 위해 염습할 때는 입었던 옷가지와 이불을 말아 시신을 대신했다고 한다. 명성황후는 그렇게 살해된 지 한참 후인 1897년 11월 22일에서야 홍릉에 안장되었다. 살해된 지 2년 2개월, 우리 역사상 가장 길고 슬펐던 왕비의 국장이었다. 명성황후 장례식 기록은 〈명성황후 국장도감 의궤〉라는 기록으로 남겨졌다.

명성황후가 살해된 건청궁에 서서

2010년 나는 이용수 일본군 위안부 피해자, 최봉태 변호사와 함께 '히젠도 환수위'라는 것을 조직하고, 쿠시다 신사의 히젠도에 대한 적절한 처분을 묻는 기자 회견을 가졌다. 남의 나라 왕비를 살해한 살인 도구를 마치 승리의 기념품처럼 보관하는 것은 '한일관계의 미래'를 위해 바람직하지 않으며, 대한민국 국민을 모욕하는 행위라고 할 수 있으므로 일본 정부가 압수한 뒤 폐기하거나, 한국에 인도하는 등 적절한 처분을 해야 한다는 취지였다. 그 뒤 수차례 쿠시다 신사에 서면을 보내고 면담을 요청했지만 아직까지 별다른 진전은 없다.

명성황후 살해 사건은 우리 민족사에 있어서 너무나 큰 상처이다. 그런 가슴 아픈 역사를 생각해 보면 '건청궁의 부실 복원' 문제는 정말 자다가도 벌떡 일어날 만큼 부끄럽기 짝이 없는 일이다.

건청궁 출입문에 서서 향원정을 바라보면 마음이 무겁다. 1895년 궁궐이 유린당하고 왕비가 살해되면서 망해 가는 조선의 무력하고 암담한 현실이 당장 어제 일처럼 느껴지기 때문이다. 그런 면에서 건청궁은 다시는 외세의 압박에 시달리거나 망국의 고통을 반복해서는 안 되겠다는 다짐을 주는 역사적 현장이기도 하다.

그런 의미심장한 장소를 부실 복원하는 우리는 도대체 어떤 시대를 살고 있는 것일까? 명성황후가 화장당한 뒤 유해가 뿌려진 향원정을 바라보며, 제정신으로 살고 있는 게 맞느냐고 묻고 싶다.

혜문스님의
역사 특강

'명성황후 시해'란 용어는 바로 잡아야 한다

1895년 10월 8일 일본은 미우라 공사의 주도하에 경복궁에 난입, 명성황후를 살해하는 만행을 저질렀다. 우리는 통상 '을미사변'이라고 칭하고 있으며, '일본인이 명성황후를 시해했다.'고 기술하고 있다(국사 교과서, 각종 학술서, 민족문화대백과 사전 등). 그러나 '시해'란 용어는 '일본인이 계획적으로 일으킨 사건'이란 의미를 담기에 부족하고, 나아가 '명성황후 살해'의 책임 소재가 '우리 내부'에 있다는 의미를 포함하고 있으므로 잘못된 용어가 아닌가 하는 의심을 지울 수 없다. 따라서 '시해'란 용어는 다른 용어로 대체되어야 할 것이다.

'시해'의 사전적 의미

'시(弑)'란 단어는 '신하가 자기 임금을 죽이다.'란 뜻을 가진 말로, 시역(弑逆)이란 뜻을 내포하고 있는 단어다. 다시 말해 신하가 반역의 뜻을 가지고 자기 임금을 죽였을 때만 사용할 수 있는 것으로, '외적의 침입'에 의해 임금이 죽었을 경우 이 단어를 사용하는 것은 문제가 있다.

중국 송나라 때의 학자 사마광이 편찬한 사전류인 〈류편(類篇)〉에는 다음과 같이 정의하고 있다.

弑, 殺也. 自外曰戕, 自內曰弑
'시란 죽인다는 뜻이다. 외부인이 죽였을 때는 장(戕), 내부인이 죽였을 때는 시(弑)라고 한다.'

또 글자의 원뜻을 정리한 중국의 사전 《강희자전(康熙字典)》에는 시(弑) 에 대해 다음과 같이 정의하여 '하극상(下剋上)'의 패륜적 반역을 지칭하는 용어로 규정해 놓았다.

下殺上曰弑
아랫사람이 윗사람을 죽이는 것을 시라고 한다.

또 중국의 고전 《춘추(春秋)》 〈좌전〉에서는 좀 더 정확한 용례를 보여 주 고 있다.

凡自虐其君曰弑, 自外曰 - 左傳〈宣公十八年〉
자기의 군주를 죽이는 것을 시(弑)라고 한다. 외부인이 임금을 죽인 것은 장(牁)이라고 한다. - 좌전〈선공 18년〉

이러한 용례에서의 의미를 참고할 때, 시(弑)는 오직 자기의 군주를 죽였 을 경우에 한정하여 사용할 수 있으며, 외국인이 자기 임금을 죽였을 때는 별개로 장(牁)이란 용어를 써야 한다는 것이다.

시해란 용어의 부적합성

중국 고전의 용례와 사전에 입각해 볼 때, 시(弑)란 용어는 '자기 신하가 하극상을 범해 군주를 죽인 행위'에 한정해서 쓴다고 정의할 수 있다. 그렇 다면 '명성황후 시해'란 말은 '일본인의 계획에 의해 모살(謀殺)'된 경우에 해 당하므로, '시(弑)'란 용어를 쓰는 것은 잘못이라고 할 수 있다.

게다가 '명성황후 시해'란 단어에는 명성황후를 조선 사람들이 죽였다는 의미가 숨어 있다. 그러므로 이를 근거로 일본인들은 명성황후의 죽음에 대해 '조선인의 소행'이라고 주장하고 있다.

을미사변 당시 경복궁에 난입했던 일본인 중의 한 사람인 고바야카와 히데오는 훗날, 사건을 회고하는 수기에서 "민비의 치명상은 이마 위에 교차된 두 개의 칼자국이었다. 누가 어떻게 죽인 것이었을까? 양복 입은 조선 사람이 지사들 사이로 섞여 들어와 칼부림을 한 것이란 소문을 그대로 믿을 수밖에 없다."혜문 엮음,《조선을 죽이다》, 동국대학교출판부, 134쪽고 기술, 살해의 진범이 조선 사람들이라고 주장한다.

명성황후 '시해' 주장의 근거

명성황후를 조선 사람이 죽였다는 주장은 대략 3가지로 압축될 수 있다.

첫째, 조선 정부에서 당시 군부협판(현재 국방부 차관) 이주회를 '살해의 진범'으로 체포하고, 재판을 거쳐 처벌한 기록이 있다.

둘째, 대원군이 입궐하는 과정에서 훈련대와 시위대가 충돌, 명성황후가 살해되었다는 주장이다. 정교(鄭喬:1856~1925)가 1864년(고종 1)부터 1910년 대한제국(大韓帝國)이 망할 때까지 47년간의 역사를 강목체(綱目體)로 기술한 책,《대한계년사》에는 을미사변에 대해 다음과 같이 기술하면서 시(弑)란 단어를 사용하고 있음에 주목할 필요가 있다.

李昰應 以日本人及訓練隊兵 犯闕 弑王后 閔氏
이하응(대원군)이 일본인과 훈련대 병사와 함께 입궐하여 명성황후를 죽였다.

셋째, 우범선 등이 명성황후를 죽였다는 것이다. 통감대리 하세가와가 이토 통감에게 보낸 '을미사변 망명자 중, 이두황, 이범래에 대한 황제 특사 거절에 대한 청훈 건'의 보고 전문에 의하면, 순종이 하세가와 통감에게 "을미사변 당시 내가 목격한 바에 의하면 국모를 살해한 사람은 우범선이다."라고 증언했다는 것이다.

이런 세 가지 주장은 모두 일본에 의해 조작되거나 허위로 작성된 사실에 지나지 않는다. 현재 축적된 학술 자료와 연구에 의하면, 일본이 사건을 계획하고 주도했으며, 일본인들에 의해 명성황후가 살해되었음은 추호도

의심의 여지가 없다. 그럼에도 불구하고 '시해'란 용어는 자칫 조선사람에 의해 명성황후가 살해되었다는 오해를 불러일으킬 수 있고, 백보를 양보하더라도 조선 사람이 을미사변에 가담하였음을 내포하고 있는 용어임을 부정할 수 없다.

명성황후 '시해' 용어 사용은 재검토되어야 한다

대부분의 사람들은 '일본인들에 의해 명성황후가 시해'되었다는 말을 사용하고 있다. 혹자는 시해란 용어가 정확히 맞지 않는다 해도 명성황후가 '국모'이기 때문에 시해란 용어를 써도 무방하다고 주장한다. 그러나 그것은 시(弑)란 단어와 용례에 대한 오해일 뿐이다. 시(弑)는 왕이나 왕비의 죽음에 대한 높임말이 아니라, 반역을 일으킨 자의 패륜을 꾸짖고 경고하기 위한 단어이기 때문이다

따라서 '명성황후 시해'란 용어는 적절한 용어로 대체되어야 한다. 시해는 '일본인에 의해 계획된 살인'이란 의미가 포함될 수 없으며, 국모의 죽음을 격상하는 높임말도 아니다. 나아가 '시해'란 용어 속에는 조선 사람이 국모를 죽였다는 의미가 포함되어 있으므로, 일본의 증거 조작과 허위 문서로 인한 농간에 빠져 버린 듯한 인상을 지울 수 없다. 또한 중국인이나 일본인이 '명성황후 시해' 란 용어 자체만 보게 될 경우, 조선 내부의 권력 투쟁에 의해 명성황후가 죽었다는 오해를 불러일으킬 우려가 있다.

이에 국립국어원과 국사편찬위원회에 2015년 을미사변 발발 120년을 맞아 명성황후 시해란 용어의 정당성 여부를 심의하여 적절한 용어로 대체할 것을 제안한다.

항원정은 경복궁의 아름다움을 대표하는 정자로 일컬어지며,
정자와 초석 등이 육각형 공간을 구성하고 있다.
또한 모든 구성 요소들이 절묘한 조화를 이루어
역사적, 예술적, 건축적으로 가치가 높다는 평가를 받고 있다.

향원정
다리는 왜
비뚤어졌을까?

2012년 어느 봄날, 향원정이 보물 1761호로 지정되었다는 보도가 있을 즈음에 경복궁을 방문할 기회가 있었다. 마침 화창한 봄날이어서 향원정을 둘러보며 오랜만에 봄날의 꽃구경을 즐기고 있을 때 향원정 다리가 눈에 거슬렸다.

어? 다리가 삐뚤어졌네?

향원정을 보다가 문득 다리가 심하게 삐뚤어져 있다는 것을 알게 되었다. 특히 다리와 계단이 만나는 부분은 비례감이 없어 보였다. 계단도 한쪽으로 기울어져 있었고, 연못을 가로질러 설치된 목조 계단과도 자연스럽게 연결되지 않았다. 순간 고증을 잘못했거나 대충 만들다 보니 일어난 부조화가 아닐까 하는 의구심이 일었다. 문화재청이 '경복궁의 아름다움을 대표하는 정자'라고 널리 홍보하고 있는 향원정 다리가 비뚤어지다니! 믿을 수 없는 광경이었다.

향원정 다리가 비뚤어졌다?

향원정은 경복궁 북쪽 후원 연못의 중간에 있는 섬에 건립된 육각형 정자이다. 향원지의 '향원(香遠)'은 향원익청(香遠益淸), 즉 '연꽃의 향기가 맑고 멀리 간다.'는 뜻으로, 북송대 학자 주돈이(1017~1073)가 지은 '애련설(愛蓮說)'에서 따온 용어이다. 고종은 흥선대원군의 간섭에서 벗어나 친정 체제를 구축하면서 건청궁을 지었는데, 건청궁 앞에 연못을 파서 가운데 섬을 만들고 그곳에 2층 정자인 향원정을 건립했다고 한

향원정 다리와 계단이 만나는 부분을 다른 각도에서 촬영한 사진. 계단이 한쪽으로 기울어 있을 뿐만 아니라 접촉 부분이 어색하다.

다. 따라서 향원정은 고종 4년(1867)부터 고종 10년(1873) 사이에 지어진 것으로 추정된다.

원래 향원정으로 들어가는 다리는 '취향교'라는 이름의 나무 다리로, 1873년 건립 당시 건청궁에서 향원정으로 들어가도록 북쪽에 있었다고 한다. 경복궁 중건 당시의 기록인 〈북궐도형〉에도 취향교는 건청궁 쪽에서 진입하도록 되어 있었다. 일제 강점기에 촬영한 향원정 사진에 취향교가 건청궁이 위치한 북쪽 방향에서 진입할 수 있도록 놓여 있는 것이 확연하고, 향원정 북쪽에서 다리 기단의 유구가 발견된 점을 고려할 때 다리가 잘못 복원되었음을 짐작할 수 있다.

그렇다면 언제부터 다리가 비뚤어진 것일까? 알고 보니 6 · 25 전쟁 당시 취향교가 폭격으로 무너지자 이를 수습하기 위해 부교를 놓았고, 그 부교 위치에 1953년에 적당히 복원한 것이 놀랍게도 지금까지 유지되고 있었다.

그렇다면 향원정을 보물로 지정하면서 왜 이런 오류를 시정하지 않았을까? 문화재청은 향원정에 대해 어떤 생각을 가지고 있을지 궁금해진 나는 2012년 6월 15일 다음과 같은 내용으로 문화재청에 '경복궁 향원정 제자리 찾기에 관한 진정서'를 제출하였다.

경복궁 향원정 제자리 찾기에 대한 진정

경복궁에 위치한 향원정은 2012년 3월 보물 1761호로 지정된 문화재로 우리나라를 대표하는 아름다운 정자로 알려져 있습니다. 이 향원정으로 들어가는 다리인 '취향교'는 본래 목교로서 1873년 건청궁에서 향원정으로 들어가도록 북쪽에서 남쪽으로 설치된 다리였습니다. 그런데 6·25 전쟁 당시 없어진 것을 1953년에 복원하는 과정에서 무슨 이유인지 원래의 방향과 반대인 남쪽에서 북쪽으로 다리를 놓아서 현재에 이르고 있습니다. 게다가 다리와 계단이 틀어지게 복원되는 바람에 향원정의 조형적 아름다움을 훼손한 채 현재에 이르고 있습니다.

문화재청은 경복궁의 원형 복원을 목표로 경복궁 복원 사업을 진행, 건청궁 등을 원형 복원해 왔습니다. 그런데 향원정의 취향교는 아직까지도 여전히 제자리를 찾지 못한 채, 볼썽사나운 모습으로 60년간 방치되어 있습니다. 왜곡된 모습의 제자리 찾기에 대한 아무런 언급과 문제 제기 없이 금년 초 보물 1761호로 지정되었다는 것 또한 이해할 수 없는 일입니

일제 강점기에 촬영된 향원정 모습. 건청궁 앞에서 진입하도록 다리가 가설되었다는 것을 확인할 수 있다.

다. 이런 상황에 이른 것은 문화재청과 학계 등의 무관심이 초래한 결과라고밖에 볼 수 없습니다. 이에 비록 뒤늦은 감이 있지만 향원정의 취향교가 본래 있었던 자리에 원형대로 복원되기를 간절히 진정하는 바입니다.

문화재제자리찾기 대표 혜문

2012. 6. 15

이에 대해 문화재청은 취향교의 방향이 잘못된 점과 문제가 있다는 점에 대해서 시인했다. 그러나 현재 취향교를 바로 잡을 계획은 없으며 경복궁 복원 4단계가 진행되는 2021년 이후 향원정의 고증 자료를 바탕으로 취향교를 복원할 계획이라고 답변했다.

일단 향원정 취향교의 오류를 정부가 시인하고, 당장은 아니지만

향원정 북쪽 방향의 취향교 흔적. 다리가 있었던 부분에 기초석이 남아 있다.

문화재제자리찾기 질의에 대한 문화재청의 답변(2012. 6. 20).

2021년에 고증 자료를 바탕으로 복원할 의사를 밝혔다는 점은 환영할 만한 일이라고 생각한다. 그러나 잘못을 인지하고 있으면서도 바로 시정 조치를 이행하지 않는 부분에 대해서는 씁쓸한 느낌을 지울 수 없다.

문화재에 구현된 아름다움이란 언제나 완전성을 지향한다.

불필요하거나 일그러진 부분을 가다듬고 제거한 뒤에야 기하학적 아름다움이 구현된다는 의견에 반대할 사람은 없을 것이다. 그렇다면 한국에서 가장 아름다운 정자라는 향원정이 일그러지고 비뚤어진 모습으로 방치되고 있다는 것을 어떻게 받아들여야 하는 걸까?

향원정의 아름다움을 보여 주고 자랑스러운 우리 문화유산의 아름다움을 배우고자 향원정을 찾아온 어린 아이들에게 2021년까지 비뚤어진 취향교를 보여 주어야 하는 현실이 가슴 아프다. 완전한 아름다움을 물려받기에는 우린 아직도 여전히 부족한 것이 아닐까?

아무래도 우린 대충 무성의하게 하루하루를 때우는 추악한 시대를 살고 있는 듯하다.

80년 만에 돌아온 자선당 유구의 모습으로 2013년 4월에 촬영된 사진이다.

80년 만에 돌아온 자선당 유구는 왜 방치되고 있을까?

건청궁 출입문을 지나 명성황후가 살해된 곳, 옥호루 앞마당에 서면 오른쪽으로 작은 문이 하나 있다. 그 문을 열고 들어가면 명성황후가 살해된 후 화장되었다는 녹산 기슭이 눈앞에 드러난다.

그곳에서 자선당 유구가 노쇠한 얼굴로 방문객을 맞는데, 화상에 일그러지고 깨진 모습이다. 사극에서 그렇게 많이 들었던 동궁(東宮)의 진짜 모습이라고는 도저히 상상하지 못할 엉망진창의 모습이었다.

화상을 입어 일그러진 동궁(東宮)의 얼굴

세자가 거처하는 동편 전각이라는 의미로 동궁전이라고 불렸다는 이 건물의 원래 이름은 자선당(資善堂)이다. 자비로운 성품을 기르는 곳이라는 의미의 건물로, 문종의 거처로 건립되어 세자와 세자빈이 거처했다고 한다. 임진왜란 때 화재로 소실된 후 흥선대원군(興宣大院君)이 경복궁을 중건할 때 복원하였는데, 자선당 역시 망국의 운명을 비껴갈 수

오쿠라 호텔 산책로에 있던 자선당 유구의 모습. 관동 대지진 때 불탄 뒤, 기단부만 남은 상태이다. 한국 언론의 보도처럼 방치된 상태로 있었던 것은 아닌 듯하다.

없었다.

일제가 시정(始政, 조선 통치) 5년(1915)을 기념하는 조선물산공진회를 연다면서 경복궁의 전각을 헐고 민간에 건자재를 팔아넘기는 과정에서 자선당도 일본으로 반출되었다. 일본의 사업가 오쿠라 기하치로[大倉喜八郎, 1837~1928]가 자선당의 부재를 인수해 도쿄로 가져가 조립한 후, 1917년 사설 미술관인 '오쿠라 슈코칸(大倉集古館) 조선관'으로 사용했다. 그러던 중 1923년 관동 대지진 때 기단(基壇)과 주춧돌만 남고 전소됐다.

이렇게 일본에 끌려와 온갖 수난을 겪었던 자선당 유구는 김정동(목원대학교 건축학과) 교수의 조사와 추적 끝에 1993년 일본 도쿄 오쿠라 호텔 정원에서 발견되었다. 그 후 1995년 12월 말 110톤 분량의 유구석 288개가 우리나라로 반환되었는데, 삼성문화재단이 오쿠라 호텔과 교섭한 것이 큰 영향을 끼쳤다고 한다.

뒷방으로 밀려난 자선당 유구의 기막힌 사연

그런데 우여곡절을 거쳐 돌아온 자선당 유구는 제자리로 가지 못하고 뒷방으로 밀려난 서글픈 신세가 되어 버렸다. 문화재청은 오쿠라 슈코칸으로부터 자선당 유구를 반환받은 뒤, 복원에 사용하려고 했던 듯하다. 그러나 안타깝게도 1999년 자선당 복원 당시 환수된 유구는 화재와 방치로 인해 손상이 너무 컸던 탓에 건축 자재로 쓰일 수 없었다고 한다. 그런데 가만히 생각해 보면, 납득이 잘 안 되는 부분이 있다. 자선당 유구를 돌려받을 당시에 상태를 눈으로 확인할 수 있었을 텐데, 복원할 때 활용이 불가능한 유구를 돌려받은 이유는 무엇일까? 어쨌든 불행하게도 유구는 새롭게 복원되는 자선당의 자재로 쓰이지 못한 채, 녹산 기슭의 귀퉁이로 밀려나고 말았는데, 건청궁이 복원되기 전의 일이었다.

일본으로부터 돌아온 자선당 유구가 옮겨진 곳은 경복궁에서 가장 후

오쿠라 슈코칸으로 이전된 자선당의 모습. 1918년에 촬영된 사진이라고 한다.

미진 장소였다. 비공개 권역이었지만 건청궁 복원 공사 이전에는 누구나 관람할 수 있었다. 그런데 건청궁 복원 공사가 시작되면서 자선당 유구는 특별 행사 때를 제외하고는 일반인에게는 전혀 공개되지 않았다. 녹산의 경비 초소 등 청와대 경호 문제 때문이었다.

이렇듯 일제에 의한 경복궁 수난사를 대표하는 유물인 자선당 유구가 애물단지로 전락하자 관리 주무관청인 문화재청의 무신경을 비판하는 목소리가 동아일보〈경복궁 자선당 자취 제자리 찾는다〉, 2013.7.13 등의 언론에 의해 제기되었다. 차라리 일본에 그대로 놔둬 식민통치를 반성하는 자료로 활용함만 못하지 않았느냐는 자조 섞인 얘기가 들리는 한편으로 문제를 해결하려는 움직임도 있었다. 특히 자선당 유구의 국내 반환을 이끌었던 김정동 교수는 "동궁처럼

지난해 11월 일본 도쿄 오쿠라호텔 뜰에서 자선당 유구 해체작업이 진행되고 있다.

경복궁 자선당 '유구' 돌아왔다
일제시대 강탈…81년만에

일제 강점기인 1915년 강제 철거된 뒤 일본으로 옮겨졌던 경복궁 자선당의 유구(遺構)가 29일 81년 만에 제자리로 돌아왔다. 조선왕조의 서글픈 역사가 서린 이 유구는 97년말께 끝날 경복궁 복원사업에 쓰이게 된다.

이번에 되돌아온 자선당의 유구는 1923년 관동대지진 때 불에 타 없어진 목조 부분을 뺀 건물의 기단과 계단, 주추 등 석조 부분으로 돌은 모두 2백88개, 무게 1백10t 분량이다.

조선왕조의 정궁이던 경복궁 안 근정전 동쪽에 있어 흔히 동궁으로 불렸던 자선당은 정면 7칸·옆면 5칸·39평의 단층 목조건물로 왕세자가 머물며 공부하던 내전의 하나다.

이 건물은 1915년 일제가 조선

통치시정 5주년 기념 물산진흥회(산업박람회)를 열려고 경복궁 전체 7천2백여 전각 가운데 4천여 칸을 없애는 과정에서 헐린 뒤 일본 오쿠라 재벌에게 팔려 그 이듬해 일본 도쿄 미나토구에 옮겨 세워졌다.

한동안 오쿠라 집안의 사설미술관으로 쓰이던 이 건물은 관동대지진 때 지상의 목조 부분이 불에 타 석재만 남은 채 오쿠라호텔의 산책길 곁에 버려져 있다 지난 93년 이를 찾아낸 김정동(47) 목원대 교수와 삼성문화재단에 의해 환수가 추진돼 왔다.

문화재관리국은 이 유구를 "문화재 위원, 고미술학자 등 관계 전문가의 자문을 받아 경복궁 복원·정비 사업에 활용할 계획"이라고 밝혔다.
　　　　　　　　　　　강희철 기자

한겨레신문, 1996년 1월 1일 기사. 문화재 관리국은 "문화재위원, 고미술학자 등 관계 전문가의 자문을 받아 경복궁 복원, 정비 사업에 활용할 계획"이라고 말하고 있다.

건축물 유구를 환수한 사례는 세계적으로 드문 경우"라며 "복원된 자선당 인근으로 옮겨 경복궁을 찾는 국내외 관람객이 잊혀진 역사를 배우는 교육 현장으로 만들어야 한다."고 주장했다. 이에 문화재청은 긍정적으로 검토하겠다는 입장을 밝히기도 했다. 그러나 1억 원 안팎이 들 것으로 보이는 이전 비용 문제를 정부가 적극적으로 해결하지 않는 한 자선당의 제자리 찾기는 쉽지 않을 것으로 보인다.

힘들게 되찾은 우리 문화재는 왜 찬밥 신세로 전락했을까? 또 식민지 시기 경복궁 수난의 생생한 증거인 자선당 유구의 귀환에 대해 국민과 정부는 왜 그토록 외면했던 것일까? 대개의 경우 의사 결정을 좌우하는 것이 '가치의 유무'라는 점에 비추어 보면, 국민과 정부가 자선

자선당(資善堂)을 글자 그대로 풀이하면 자비로운 성품을 기르는 곳이다. 경복궁 근정전(勤政殿) 회랑을 지나 우측(동편)에 위치하며 세자가 업무를 보는 비현각(丕顯閣)과 나란히 위치하는데, 세종 9년인 1427년 세자인 문종의 거처로 건립되었다. 세자가 거처하는 동편 전각이라는 의미로 동궁전(東宮殿)이라고도 불렀다. 이로 인해 세자를 동궁마마라고 부르게 되었다고 한다. 아래 사진은 1999년에 복원된 자선당의 모습으로, 일제 강점기에 촬영된 자선당 계단의 모습과는 다르게 가운데 계단이 3개로 이루어져 있다. 자세한 이유는 확인되지 않았다.

당 유구에 대해 높은 가치를 부여하지 않았기 때문으로 해석할 수밖에 없다.

삼성은 왜 자선당 유구 반환 비용을 부담했을까?

자선당 유구는 110톤 가량 무게의 288개 석재로 구성되었다. 이것을 국내로 이전할 때 그 비용을 전부 부담한 것은 삼성문화재단으로 알려졌다. 그 내막을 이해할 수 없으나 오쿠라 호텔 측은 단 한 푼의 이전 비용도 내지 않은 것으로 알려져 있다. 운반 비용만 해도 현재 시세로 환산하면 수 억원 이상이었을 것으로 짐작된다. 그런데 이 대목에서 자선당 유구의 문화재적 가치가 과연 수 억원 이상일까 하는 의문이 생긴다. 역사적 상징성이야 그 이상일 수도 있겠지만, 화재와 오랜 시간 방치로 인해 복원 불가능한 상태의 유구를 상당한 비용을 치르고 반환받은 진짜 이유가 무엇인지 자못 궁금해진다. 그 반환의 주역이 삼성이라는 대목에서는 더욱 그렇다.

자선당 유구의 환수를 주도한 김정동 교수에 의하면 건축물 유구를 환수한 사례는 세계적으로 드문 경우라고 한다. 그 이유는 아마도 '경제적 가치'의 평가 문제가 아니었을까 한다. 비록 궁궐의 기단 초석이었고 식민지의 아픔을 담고 있는 문화재이기는 했지만, 19세기 말에 축조된, 그것도 화마의 손길로 인해 사용 불가능한 초석을 수 억원의 비용을 주고 환수한 사건에 대해 국민들의 관심은 그다지 크지 않았던 듯하다. 1억 원 상당의 가치를 가진 문화재를 가져오는 데 수억의 비용이 든다면 누가 그 문화재를 가져오려고 할 것인가? 이렇듯 명분론에만 입각하여 문화재 반환을 강행한다면 국민들로부터 얼마만큼의 지지와 성원을 받을 수 있을지에 대해 나는 회의적인 생각을 가지고 있다.

자선당 유구 문제는 약탈된 문화재를 되찾는 문화재 환수 운동에 있어서 우리에게 시사하는 바가 적지 않다. 문화재 환수 운동은 '민족의 자존심을 되찾는 운동'이기도 하지만 문화재적 가치의 냉정한 평가를 기반으로 진행되어야 한다는 것이다. 그래야만 국민들의 공감 속에서 문화재 환수의 진정한 의미를 확인하고 이를 민족의 에너지로 만들 수 있는 것이다. 다시 말해서 약탈된 문화재를 본래 자리에 되돌려 놓는 것만이 능사는 아니라는 것이다. 자선당 유구 환수는 '민족의 자존심을 되찾는 운동'이었지만 문화재의 가치를 냉정하게 평가하지 못했기에 국민의 지지와 성원을 얻는 데 실패한 것은 아니었을까?

문화재적 가치를 떠나 일제의 경복궁 파괴 행위를 생생히 증언하는 하나의 자료로서 갖는 자선당의 가치는 매우 크다고 할 것이다. 그럼에도 불구하고 많은 사람들의 노력 끝에 힘들게 되찾아온 유구를 방치하는 문화재청의 행태를 우리는 어떻게 이해해야 할까? 천신만고 끝에 광복된 고국으로 귀환했지만 찬밥신세로 전락, 찾는 이 없이 노쇠해 가는 자선당을 생각하면 가슴이 먹먹해진다.

근정전(勤政殿)은 경복궁의 중심 건물로 국보 223호이다.
정면 5칸에 측면 5칸인 다포계 팔작 지붕의 중층 건물이다.

어처구니가 없는 근정전?

광화문에 들어서 조선총독부가 있었던 곳을 거쳐 흥례문에 들어서면 '근정전'이라는 현판이 붙어 있는 건물을 마주하게 된다. 좌우로 품계석이 놓여 있고, 계단을 올라 안으로 들어서면 '일월오봉도(日月五峯圖)' 아래 조선 임금이 앉아 있던 용상이 보인다. 이 건물이 바로 조선 궁궐의 정전이었던 근정전이다. 근정전은 경복궁의 상징적인 건물로 임진왜란 때 화재로 소실되기 전까지 200년간 왕의 즉위식 등이 거행된 조선 왕조 최고의 전각이었다.

조선 왕조의 상징, 근정전의 역사

조선 개국의 주도자이자 경복궁 건설의 핵심이었던 정도전은 주요 전각의 이름을 직접 지었다고 한다. 그는 경복궁의 정전을 근정전(勤政殿)이라 명명했는데, 《서경(書經)》을 비롯한 각종 고사를 참고했다고 한다. 글자 그대로 풀면 부지런하게[勤] 정치[政]하라는 뜻이다. 《태조실록》에

일장기가 걸린 경복궁 근정전. 일본의 조선 강점을 상징적으로 보여 주고 있다.

는 다음과 같이 기술되어 있다.

천하의 일은 부지런하면 다스려지고 부지런하지 못하면 폐하게 됨은 필연한 이치입니다. 작은 일도 그러하온데 하물며 정사와 같은 큰 일이겠습니까? 《서경》에 말하기를, '경계하면 걱정이 없고 법도를 잃지 않는다.' 하였고, 또 '편안히 노는 자로 하여금 나라를 가지지 못하게 하라. 조심하고 두려워하면 하루 이틀 사이에 일만 가지 기틀이 생긴다. 여러 관원들이 직책을 저버리지 말게 하라. 하늘의 일을 사람들이 대신하는 것이다.' 하였으니, (중략) 선유(先儒)들이 말하기를, '아침에는 정사를 듣고, 낮에는 어진 이를 찾아보고, 저녁에는 법령을 닦고, 밤에는 몸을 편안하게 한다.'는 것이 임금의 부지런한 것입니다. 또 말하기를, '어진 이를 구하는 데에 부지런하고 어진 이를 쓰는 데에 빨리 한다.' 했으니, 신은 이로써 이름하기를 청하옵니다.

- 《태조실록》, 태조 4년 10월 7일

그런데 여기에서 주목해야 할 점은 정도전이 모든 일에 부지런해야 함을 말한 것이 아니라, '부지런할 바'를 알아서 부지런히 정치해야 한다고 말했다는 것이다. 정도전은 왕이 부지런히 해야 할 정치의 핵심을 '아침에는 정사를 듣고, 낮에는 어진 이를 찾아보고, 저녁에는 법령을 닦고, 밤에는 몸을 편안하게 하는 것'이라고 주장하고 있다.

한일 병합과 함께 시작된 근정전 수난의 역사

조선 초기에 지어진 근정전은 임진왜란 때 화재로 소실되는 운명을 맞았다. 왜군이 불을 질렀다는 설도 있고, 선조가 도성을 버리고 의주로 피난을 떠나자 이에 분노한 백성들이 불을 질렀다는 설도 있다. 어쨌든 그후 근정전은 경복궁 중건 때 다시 지어졌지만 1910년 8월 29일, 근정전 앞에 일장기가 게양되면서 일제 강점기의 시작을 알린 치욕의 상징이 되었다. 왕권을 강화하기 위해 복원한 경복궁은 나라를 빼앗긴 후 처참하게 훼손되는 수모를 겪게 된다.

경복궁의 본 모습을 훼손한 대표적인 사례가 1915년에 열린 '시정 오년 기념 조선물산공진회(始政五年記念 朝鮮物産共進會)'이다. 이는 일본이 조선을 지배한 지 5년이 되는 해를 기념하고 식민 통치의 업적을 과시하기 위해 개최한 대규모 박람회였는데, 개회식과 폐회식이 벌어진 곳은

1929년 '조선박람회' 때 경복궁 근정전에서 벌어진 폐회식에서 사이토 총독이 훈시를 하고 있다(왼쪽 사진). 오른쪽 사진은 근정전에서 열린 일본 경찰들의 순직 경찰관 초혼제 장면.

바로 경복궁의 근정전이었다. 그 후에도 훼손은 이어져 1923년 '조선부업품공진회'나 1929년 '조선박람회' 때도 근정전은 일제 침략의 홍보 공간으로 활용되었다. 테라우치 총독이나 사이토 총독은 그때마다 근정전 안에 차려진 단상에 올라 행사를 치렀다. 뿐만 아니라 독립군과 싸우다 죽은 일본 경찰들의 혼령을 위로하는 의식인 '순직 경찰관 초혼제(殉職警察官招魂祭)'도 20년 가까이 근정전의 용상에서 진행되면서 조선 왕실의 권위는 땅에 떨어지고 말았다.

어처구니없는 국보 1호

우리는 일상생활에서 '어처구니없다'라는 말을 자주 사용한다. 너무 엄청나거나 뜻밖이어서 기가 막히다는 뜻이다. 이 '어처구니'라는 말은 궁궐 건축물과 관련이 있다. 궁궐 건축물의 지붕 위에는 《서유기(西遊記)》에 나오는 삼장법사, 손오공 등의 석물들이 앞으로 나란히 줄을 잘 맞추어 앉아 있다. 이름 하여 이것을 잡상 또는 어처구니라고 부른다.

2007년 3월 28일 숭례문 지붕 위에 있던 이 잡상(어처구니) 중 하나가 사라졌다는 보도가 있었다. 본래 숭례문에는 9개의 어처구니가 있었는데, 그중 하나가 떨어져 나갔다는 것이다. 당시 경향신문의 보도〈어처구니 없는 국보 1호⋯숭례문 '잡상' 훼손 방치〉, 2007. 3. 28에 따르면 숭례문의 관리를 맡고 있는 문화재청과 서울 중구청은 언제 어떤 이유로 잡상이 떨어져 나갔는지 파악하지 못한 상태라고 했다. 더구나 당시 문화재청은 2006년 7월 한 시민으로부터 잡상 한 개가 보이지 않는다는 신고를 받은 적이 있지만 별다른 대책을 내놓지 못하고 있는 실정이었다고 신문은 전하고 있다.

이 잡상이 끝내 복원되지 못한 상태에서, 잡상이 사라졌다는 보도가 있은 지 1년 뒤인 2008년 2월, 숭례문이 화재로 소실되는 사태가 발생했다. 토지 보상에 불만을 품은 한 시민이 불을 지른 것으로 보도되었다. 그런데 숭례문 복구 과정에서 잡상 이야기가 다시 화제에 올랐다.

잡상이 사라진 숭례문 지붕. 하나가 언제인지 사라져 버렸다.
잡귀들이나 나쁜 기운을 쫓고 궁궐의 권위를 상징하기 위해
세워 놓는다. (사진 출처:경향신문, 2007. 3. 28)

위로부터 창덕궁 인정전, 덕수궁 중화전, 경복궁 경회루의 잡상. 각각 9개, 10개, 11개임을 눈으로 확인할 수 있다.

현재 근정전의 잡상(왼쪽 사진)은 7개이고, 일제 강점기 근정전의 잡상(오른쪽 사진)은 10개이다.

2012년 문화재청은 숭례문 1, 2층 문루 지붕을 올리면서 화재 당시 파괴됐던 어처구니들을 모두 복원하고, 헝클어진 기존 상들의 배치도 바로잡을 계획이라고 발표했다. 불타기 전의 숭례문에는 1층 4곳 추녀에 각각 8개, 2층 4곳 추녀에 각각 9개의 잡상이 있었다고 한다. 그런데 고증을 해 보니 현대에 와서 잘못 복원된 탓으로 1개가 더 많은 8개가 놓여 있다는 것이다. 한겨레신문〈숭례문 '어처구니' 바로잡는다〉, 2012. 2. 10과의 인터뷰에서 잡상 복원을 맡은 기와장인 김창대 씨는 "원래 잡상은 홀수로 놓는 게 원칙인데, 기존 1층 문루의 잡상수가 짝수여서 홀수인 7개로 바로잡게 됐다."고 했다. "나라 정문으로서 품격을 세우고 다른 잡상 복원에도 기준을 세우는 의미가 있다."는 자상한 설명까지 곁들였다. 나는 이 기사를 보고 1961~1963년 숭례문 해체 수리 당시에 잘못 만들었던 것이 정밀한 복원 과정에서 드러난 것이라고 생각했다. 하지만 어처구니 숫자가 오락가락하는 게 영 미덥지 않은 행정 조치란 생각이 한편에서 솟아오르고 있었다.

건물 이름	잡상수(현재)	비고
창덕궁 인정전	9개	
덕수궁 중화전	10개	
경복궁 근정전	7개	10개(구한말 사진)
경복궁 경회루	11개	
숭례문	1층:7개, 2층:9개	(화재 이전) 8개였으나 복구 당시 7개로 교정

〈조선 궁궐의 잡상(어처구니) 현황〉

그 즈음 나는 〈조선왕실의궤〉 환수 운동을 함께 했던 지인들과 경복궁을 자주 찾았다. 때마침 경복궁 국립고궁박물관에서 열리고 있던 '다시 찾은 조선왕실의궤와 도서' 특별전 때문이었다. 그러던 중 숭례문 잡상에 대한 생각이 미쳐 경복궁의 이곳저곳을 유심히 살펴보다가 한 가지 이상한 점을 발견하였다. 경회루의 잡상은 11개인 데 비해, 근정전의 잡상은 7개였던 것이다. 잡상의 개수가 궁궐 건물의 권위와 품격을 나타낸다는 상식에 비추어 볼 때, 최고의 권위를 가진 근정전이 경회루보다 적다는 것이 좀 이상했다. 곧바로 다른 궁궐의 잡상에 대해 조사하기 시작했다.

조사 결과 창덕궁의 인정전에는 9개, 덕수궁 중화전에는 10개의 잡상이 있었다. 조선의 법궁인 근정전의 잡상 수가 인정전의 잡상 수보다 적다는 것은 이해가 되지 않는 일이었다. 그래서 일제 강점기 경복궁을 촬영한 유리원판 사진을 놓고 현재의 근정전과 1900년대 초의 근정전 어처구니의 개수를 세어 보았다. 그 결과 일제 강점기의 근정전에는 잡상이 10개가 있었다는 사실이 확인되었다. 더 자세히 알아보니 현재 근정전의 잡상 수가 7개인 이유는 문화재청이 2000년 1월 대대적인 근정전 보수 공사에 들어가기 직전 팔작지붕 1·2층 네 귀퉁이에 각각 7개씩 배치돼 있던 것을 기준으로 복원했기 때문이라고 한다. 아마도 대개의 경우처럼 그냥 대충 하다 보니 7개만 남기고 보수 공사를 진행한 탓이었을 것이다. 〈조선 '宮' 건물엔 위계가 있다…문화재 복원때 반영해야〉, 문화일보(2011. 2. 16)

궁궐 건물의 잡상에 대해 조사하면서 정부나 국민이 문화재 복원에 대한 원칙과 가치가 무엇인지 새삼 궁금해지지 않을 수 없었다. 앞서 언급했듯이 문화재청은 숭례문 복구 공사 시 잡상은 홀수로 놓는 게 원칙이라고 한 적이 있었다. 화재로 소실되기 전 숭례문의 기존 1층 문루의 잡상 수가 짝수였는데, 복구하면서 홀수인 7개로 바로잡게 됐다는 것이었다. 이 말이 사실이라면 일제 강점기에 찍은 사진에 나타난 잡상 수의 근거는 무엇이란 말인가? 경복궁 근정전 잡상은 10개이고, 덕수궁 중화전 잡상도 10개였는데 말이다. 10개를 홀수라고 우기지는 못할 것인데, 아무리 생각해도 뭐가 뭔지 알다가도 모를 일이요, 소위 어처구니없는 일이었다. 혹자는 잡상 수가 10개면 어떻고, 7개면 어떻냐고 할지 모를 일이나 문화재가 정신 문화의 소산이라는 점에서 볼 때 문화재 하나하나, 구석구석에 담긴 의미와 철학에 대해 이해하고 바르게 복원하는 것이 절실하게 필요하지 않을까 감히 생각해 본다.

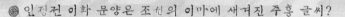

❀ 인정전 이화 문양은 조선의 이마에 새겨진 주홍 글씨?

❀ 금천교와 진선문은 왜 비뚤어졌을까?

❀ 순종 어차고는 원래 커피숍이었다?

❀ 경복궁 강녕전을 뜯어 희정당을 복구한 까닭은?

❀ 창덕궁 후원의 연꽃은 모두 어디로 사라졌을까?

창덕궁

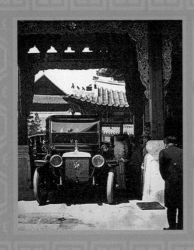

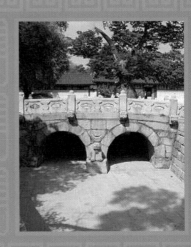

창덕궁 인정전. 창덕궁의 정전으로
임금의 즉위식을 비롯한 주요 행사가 진행되었다(국보 225호).

인정전 이화 문양은
조선의 이마에
새겨진 주홍 글씨?

창덕궁 인정전은 창덕궁이 건립되던 해인 1405년(태종 5)에 지어졌다. 조선 전기부터 왕의 즉위식이 열리는 등 정전으로서 주요 기능을 담당하다가 임진왜란 때 경복궁이 소실된 후에는 조선 후기를 대표하는 정치 공간으로 자리 잡았다. 특히 이곳에서는 왕의 즉위식이 열리고 신하들의 하례 및 외국 사신의 접견이 이루어지는 등 주요한 국가적 의식이 치러졌다. 광해군 때 중건되었으나 순조 3년(1803)에 일어난 화재로 인해 재건되었고, 철종 8년(1857)에 보수 공사를 거쳐 지금에 이르고 있다.

망국의 아픔을 증언하는 인정전

인정전 안으로 들어가면 정면에 용상이 보이고, 그 뒤에는 나무로 만든 곡병이, 곡병 뒤에는 일월오악도(日月五岳圖)라는 병풍이 나타난다. 이 그림에는 음과 양을 뜻하는 해와 달이 있는데, 이는 왕과 왕비를 상징

인정전 '일월오악도'. 병풍에는 음양을 뜻하는 해와 달이 있으며 이는 왕과 왕비를 상징한다.
그 아래 다섯 개의 산봉우리는 우리나라의 동, 서, 남, 북, 중앙의 다섯 산을 가리키며 이는 국토
를 의미한다고 한다.

한다. 특히 그 아래 다섯 개의 산봉우리는 우리나라의 동, 서, 남, 중

앙의 다섯 산을 가리킨다.

   조선 궁궐의 정전으로서 위엄을 갖춘 창덕궁 인정전 앞에 서면 가슴

이 아프다. 이곳이 바로 1910년 8월 22일 일본의 강압에 의해 '한일 병

합 조약'이 서명된 장소이기 때문이다. 일본은 이날 서울 거리에 일본 헌

병들을 배치해 놓고 순종 앞에서 형식상의 어전회의를 개최, 이른바 한

일합병이란 안건을 이완용 내각이 결의하는 형식을 갖추었다. 내각총리

대신 이완용과 일본 통감 데라우치의 이름으로 이른바 한일병합조약이

조인된 것이다. 한국민의 반항을 두려워한 이들은 조약 체결을 숨긴 채,

덕수궁 석조전. 지붕에 새겨진 이화문이 뚜렷하다.

사회단체의 집회를 철저히 금지하고 원로대신들을 연금한 뒤인 8월 29일에서야 이를 반포했다.

인정전 용마루에 이화 문양이 새겨진 사연

인정전 앞에 서면 조선 왕궁에서는 전혀 볼 수 없는 문양 하나를 볼 수 있다. 바로 용마루에 찍힌 이화 문양이다. 어린 시절 창덕궁에 놀러갔을 때 '이화 문양에 대해 들은 적이 있는데, '대한제국 성립' 이후 순종이 거주했던 궁궐이기 때문에 다른 궁궐과는 달리 대한제국의 문양인 '이화 문양이 새겨졌다는 설명이었다. 그런데 정말 그런 이유에서 인정전 용마루에 이화 문양이 새겨진 것이었을까?

대한제국이 이화 문양을 사용한 것은 사실이다. 이화 문양은 인정전 용마루뿐만 아니라 다른 곳에서도 찾아볼 수 있는데, 이를테면 덕수궁 석조전 지붕에서도 발견된다. 그런데 자세히 살펴보면 덕수궁 석조전의 이화 문양과 인정전의 이화 문양은 그 의미가 좀 다른 것처럼 보인다. 덕수궁 석조전은 대한제국 성립기에 건축된 건물이고, 인정전은 조선왕실의 초기부터 사용된 건물이므로 같은 기준으로 이화 문양을 설명하는 것은 문제가 있어 보인다.

그렇다면 일제 강점기 이후 고종이 살았던 덕수궁의 중화전이나 다른 전각의 용마루에는 왜 이화 문양이 보이지 않는 것일까? 인정전 용마루가 주목되는 이유는 조선의 다른 궁궐에는 그동안 전혀 나타나지 않았던 형식이 유독 인정전 용마루에만 나타나기 때문이다. 단지 석조전에 이화 문양이 있다는 사실만으로는 전통의 궁궐 건축에 존재하지 않는 '이화 문양의 등장'의 이유를 충분히 설명하기는 어려울 듯하다. 이 의문을 풀기 위해서는 우선 인정전의 용마루에 이화 문양이 나타난 시기를 정확히 밝히는 것이 필요하다.

〈조선고적도보〉는 조선총독부의 후원 아래 일본인 학자 세키노 다다시[關野貞]·다니이 사이이치[谷井濟一]·구리야마 슌이치[栗山俊一] 등이 1915년부터 20년간에 걸쳐 낙랑시대로부터 조선 시대까지의 고적을 주로 하고, 거기에 각종 유물들의 도판을 모아 조선총독부가 간행한 책이다. 여기에 수록된 인정전 사진에는 이화 문양이 보이지 않는다. 그러므로 인정전 용마루의 이화 문양은 일제 강점기 이후에 일본에

<조선고적도보>에 실린 인정전의 모습, 이때까지는 인정전 용마루에 이화 문양이 존재하지 않았다는 사실을 확인할 수 있다.

의해 설치되었다고 보는 것이 합리적이다. 그런데 왜 지금까지 사람들은 이화 문양이 대한제국 때 인정전 용마루에 장식되었다고 생각하게 된 것일까?

그것은 아마도 1908년 순종이 창덕궁으로 거처를 옮긴 뒤에 시행된 인정전 내부 공사 때문이라고 생각한다. 순종이 창덕궁에서 생활하게 되자 인정전을 정비하면서 창덕궁에는 유리창을 비롯하여 전구나 커튼 등 서양 장신구가 들어오게 된다. 이런 정황을 근거로 인정전 용마루의 이화문도 이때 설치되었다고 추정하게 된 것이다.

어쨌든 이화 문양이 만들어진 시기는 백번을 양보해도 1908년 이전으로는 내려가지 않는다. 고종이 강제 퇴위 당하고 허수아비 순종을 이왕

(李王)으로 격하했던 시절, 실질적 조선의 통치자로 군림하기 시작한 일제가 황실의 존엄을 위해 이화 문양을 용마루에 새겼다고 볼 근거도 없다. 혹시 여기에도 우리가 알지 못하는 어떤 의도가 숨겨져 있는 것은 아니었을까?

일본에서 발견한 용마루 문양들

2011년 사쿠라가 만발한 4월 초순, 나는 교토 히메이 산에 있는 연력사(延曆寺)란 사찰을 방문한 적이 있다. 연력사는 일본 불교의 중심에 서 있는 사찰로, 1994년 유네스코(UNESCO : 국제연합교육과학문화기구)에 의해 세계문화유산으로 지정되었으며, 고대 교토의 대표적인 17개 사찰·신사·성으로 이루어진 고대 교토의 역사 기념물에 속한다. 그곳에 창덕궁 인정전 이화 문양의 비밀이 있었다.

그저 새로운 국가제도를 정비하는 과정에서 건축양식이 변화하면서 대한제국 문양을 용마루에 새겼을 거란 나의 추정은 철저히 빗나갔다. 더구나 교토 연력사의 용마루에 새겨진 일본 왕실 문양은 창덕궁 인정전에 새겨진 이화 문양이 철저히 일본 건축양식의 이식에 다름 아님을 증언해 주고 있었다. 거기서 나는 넋을 잃고 한동안 멍하니 바라보았다.

일반적으로 알려진 것에 의하면, 일본 신사나 사찰의 용마루에 문양을 새겨 넣는 전통은 일본 황실이나 막부와의 연관성, 영주 가문의 특징 등을 나타내기 위함이라고 한다. 그렇다면 대한제국이 일본 왕실에 편입된 경술국치를 전후한 시점에 새겨 넣은 이화 문양은 무엇을 의미하고

교토 히메이 산 연력사(아래 사진) 용마루에는 황금으로 장식된 문양이 5개 새겨져 있다.
위 사진은 용마루 부분을 확대한 것이다.

있는 것일까? 그 속에 대한제국을 한낱 가문으로 몰락시켜 일본 왕실에 부속된 점을 강조하고자 새겨 넣은 것은 아니었을까? 문득 일본이 조선을 이조(李朝)라고 부르고, 순종을 이왕(李王)이라고 격하시켰던 기억이 떠올려졌다.

한 번 눈에 뜨이기 시작한 용마루 문양은 계속해서 발견되었다. 도쿄의 우에노 공원 옆, 도쿠가와 막부가 창립했다는 관영사의 대웅전 용마루, 교토의 헤이안 신궁 등 주요한 사찰과 신사에도 이런 문양이 항상 나타나고 있었다.

일본이 남산 위에 세워 놓고 신사 참배를 강요했던 조선 신궁의 모습에서는 어땠을까? 전해지는 조선 신궁의 본전 사진을 자세히 보니 조선신궁의 용마루에서도 역시 문양이 새겨져 있었다. 결국 인정전의 이화문양은 대한제국의 황실 문양이기 때문에 새겨진 것이 아니라 일본 전통 건축의 양식에서 파생된 양식으로서, 일본 천황의 신하인 이왕(李王) 순종의 거처란 것을 알리기 위한 의도로 만들어진 것은 아니었을까?

일본이 조선의 궁궐에 주홍 글씨를 새기려 한 까닭은?

설마설마하는 마음에 학자들에게 자문해 보았지만, 들려오는 답변은 일반론에 불과했다. 대한제국의 문양을 새겨 넣은 것을 그렇게 과민하게 반응할 필요는 없다는 회의적 반응이었다. 1910년 이전에 새겨진 문양을 꼭 일본의 정치적 의도라고 파악하기는 어렵고, 전후 사정을 고려해도 우리 손으로 국권 상실 이전에 새겨 넣은 것을 굳이 떼어 내는 것에

도쿄 우에노 공원에 있는 관영사(왼쪽 사진)와 교토 헤이안 신궁 출입문에 세워진 도리
(오른쪽 사진).

는 무리가 있다는 의견이었다.

사실 나도 교토에서 인정전 이화 문양과 동일한 양식을 발견하기 전
까지는 그런 입장이었다. 그러나 일본 사찰과 신사 곳곳에서 발견되는
전형적인 일본 건축양식을 조선 궁궐에 이식한 행위에 대해 어떻게 정
치적 의도가 없다고 말할 수 있을까? 1905년 을사조약 체결 이후 자치
권을 다 빼앗기고 형식적인 이름만 남아 숨을 거두어 가던 대한제국이
자발적으로 이화문을 인정전 용마루에 새겼다고 생각할 수는 없을 듯하
다. 덕수궁 석조전, 독립문 등에 나타난 이화 문양은 새로운 서양식 건물
을 신축하면서 일어난 일이고, 인정전은 조선 태종 이후 계속해서 사용
되어 온 엄연한 조선의 정전이란 점을 생각한다면, 상징하는 바가 다르
다는 것을 인지해야 한다. 하물며 고종이 1907년 강제 폐위 당하고 허수
아비 순종이 세워지던 시기였음을 고려한다면, 인정전 이화 문양을 우
리 손으로 새긴 것이라고 말하기는 어려울 듯하다.

일제 강점기 인정전의 모습. 박석과 품계석을 파내고 화단으로 만들었다.

일제 강점기 인정전도 조선총독부의 마수에서 자유롭지는 않았다. 일
본은 인정전 앞마당에 있던 품계석을 없애고 화단을 조성하는 등 우리
궁궐을 훼손했다. 광복 이후 정부가 진행했던 '일제 잔재 철거'에 의해 인
정전이 조금씩 제자리를 찾아 왔을 뿐이다.

그런데 그 과정에서 인정전 용마루의 이화 문양은 왜 바로잡지 못했
을까? 그것은 아마도 인정전의 원형에 대한 고증이 충실히 이루어지지
못했기 때문이며, 한편으로는 일제의 잔재를 완전히 걷어 내야 한다는
원칙에 우리가 합의하지 못했기 때문이기도 할 것이다.

조선총독부 청사를 철거하고 경복궁의 제모습을 찾자는 논의가 한창
이던 1995년에도 '조선총독부 청사 철거 반대'라는 주장이 힘을 얻고 있
었다. 지나간 가슴 아픈 역사도 우리의 역사이기 때문에 철거하면 안 된

다는 취지였다. 만약 지금 인정전의 이화 문양이 철거되어야 한다는 주장이 제기된다면 여전히 '철거 반대'의 근거로 이런 주장이 맞설 거란 생각이 가시지 않는다. 그 주장의 이면에는 친일 청산을 반대했던 '친일파'들의 방어 논리가 숨어 있다는 사실을 아는지 모르는지…….

창덕궁 인정전에는 이런저런 이유로 아직까지 이화 문양이 남아 우리 시대를 지켜보고 있다. 그곳의 용마루에 새겨진 이화 문양을 떼어 내지 못하는 우리들을 보며 나는 통한의 아픔을 느낀다. 이는 일제가 우리 궁궐에 찍어 놓은 '식민지의 낙인'이요, 민족의 이마에 새겨 넣은 주홍 글씨이기 때문이다.

●인정전 용마루에 새겨진 이화 문양과 일본 신사나 사찰의 용마루 문양이 일치한다는 사실은 문화재제자리찾기 구진영 연구원의 도움으로 이루어졌다는 사실을 밝혀 둡니다.

보물 1762호 창덕궁 금천교. 서울에서 가장 오래된 다리이다.

금천교와
진선문은 왜
비뚤어졌을까?

　현존하는 서울의 다리 중 가장 오래된 다리는 무엇일까? 조선 태종 즉위 11년(1411)에 축조된 창덕궁 금천교는 서울에서 가장 오래된 다리로 2012년 3월 2일에 보물 1762호로 지정되었다. 역사성과 더불어 문화재로서 지녀야 할 예술적 가치도 인정받은 결과였다. 금천교가 보물로 등록되면서 금천교와 인연이 생긴 나는 창덕궁에 방문할 기회가 여러 번 있었다. 더구나 보물로 지정받은 지 얼마 되지 않은 시점이라 금천교에 자연스레 관심이 가던 상황이었다. 그러던 어느 날, 창덕궁 인정전으로 들어가는 진선문과 금천교의 축이 틀어진 것을 발견하게 되었다.

금천교와 진선문이 비뚤어졌다고?

　동행했던 창덕궁 관리소 직원에게 진선문과 금천교가 어긋나 보이는 이유를 물어보았다. 그랬더니 그는 창덕궁은 경복궁처럼 좌우대칭이 완벽하게 구현된 궁궐이 아니라 자연미와 조화를 이루면서 건립되어 그렇다고 했다.

궁궐은 왕조의 존엄성과 권위를 과시하는 국가의 상징물이었다. 동서양을 막론하고 궁궐과 같은 상징적 건축물은 인위적으로 설정된 하나의 축에 의해 질서 정연하게 배치하는 것이 일반적이라고 알고 있던 나는 좀 당혹스러웠다. 이는 조선의 또 다른 궁궐인 경복궁에서도 확인할 수 있다. 그러나 창덕궁은 당시 유행했던 중국 궁궐의 전형에 얽매이지 않고 북악산 줄기인 응봉의 산자락 생긴 모양에 맞추어 적절하게 궁궐의 기능을 배치했다고 한다.

듣고 보니 그럴 법도 했다. 하지만 다리와 진입문이 이 정도까지 틀어져 건축되었다는 것을 선뜻 이해하기 힘들었다. 정확하게 말하자면, 금천교와 진선문 그리고 진선문 뒤의 숙장문에 이르는 창덕궁의 횡축은 이해할 수 없을 만큼 비뚤어져 있었다.

의아한 생각에 창덕궁의 항공 사진을 확인해 보았다. 창덕궁과 진선문이 어느 정도 비뚤어져 있는지 확인해 보니, 놀랄 만한 사실이 눈에 들어왔다. 금천교와 진선문만 틀어져 있는 것이 아니라 인정전 앞마당 선

창덕궁 금천교의 돌짐승 조각들.

체가 완전히 틀어져 있는 게 아닌가. 도대체 어떻게 궁궐 건물이 이렇게까지 뒤틀린 채 건축되었던 것일까? 진선문을 통과하면 나타나는 마당은 통상 '인정전 외행랑 뜰'이라고도 불리는데, 이곳 역시 직사각형의 반듯한 모양이 아니라 사다리꼴 모양이었다. 왜 이런 현상이 나타난 것일까?

인정전 외행랑 뜰이 사다리꼴인 까닭은?

건축 구조를 대칭적이고 반듯하게 세우는 일반적인 궁궐 건축과 달리 마당 모양이 사다리꼴인 까닭은, 동쪽 숙장문 쪽 바로 뒤에 종묘에 이르는 산맥이 뻗어 있어, 이곳으로 더 넓힐 수 없기 때문일 것으로 추정된다. 종묘는 역대 임금의 신위를 모시는 신성한 공간이며, 따라서 종묘를 받치고 있는 산의 뿌리를 훼손하면서 궁궐을 짓는다는 것은 용납될 수 없었던 듯하다. 따라서 지형을 최대한 살리면서 넓게 쓸 수 있는 방법을 생각한 끝에 사다리꼴 마당이 생긴 것 같다. 그러나 세종 1년(1419)에 당시 상왕이었던 태종이 인정문 밖 마당이 반듯하지 못한 책임을 물어 창덕궁

창덕궁의 항공 사진. 진선문과 금천교뿐만 아니라 인정문 바깥마당이 사다리꼴로 완전히 뒤틀려 있다. 《조선의 참 궁궐 창덕궁》이란 책에 의하면 진선문과 인정문 주변은 일제 강점기에 훼손되었다가 1996년부터 재건 공사를 시작, 지금은 사방이 모두 행랑으로 둘러쌓인 모습으로 복원된 것이다.

건설을 현장에서 지휘한 박자청을 하옥시킨 바 있다는 조선왕조실록의 기록으로 보아 지형을 살려 그리되었다는 설명도 좀 납득하기 어려운 측면이 있다. 어쨌든 태종은 행랑을 다시 세우는 대신 담만 쌓게 하였는데, 그 후 어떤 논의가 있었는지는 알 수 없으나 박자청이 본래 의도한 대로 사다리꼴로 배치된 행랑이 오늘날까지 남아 있게 되었다고 한다.

인정문 밖 행랑을 사다리꼴로 만든 것은 종묘가 가장 신성한 장소라는 맥락에서 본다면 이해가 갈 듯도 하다. 조선 시대 종묘가 차지하는 위치는 절대적 신성 공간이었을 테니, 산맥을 훼손해서 직사각형 모양으

금천교와 진선문의 모습. 진선문 정면과 금천교가 틀어져 있음이 확인된다.

로 건립하는 것이 문제가 되었을 수도 있다고 판단된다. 태종이 비뚤어진 모습에 불만을 표출, 현장을 지휘한 박자청을 하옥시켰지만, 그 공간을 다시 손대지 않았다는 점에서도 확인될 수 있을 듯하다.

금천교는 왜 진선문과 비뚤어지게 된 것일까?

그렇다면 금천교는 무슨 연유로 진선문과 틀어져서 건립되었던 것일까? 창덕궁 복원의 밑그림이 되는 자료로 〈동궐도〉라는 그림이 있다. 국보 249호 동궐도는 창덕궁과 창경궁을 그린 그림으로 크기는 가로 576 cm, 세로 273cm로 16첩 병풍으로 꾸며져 있다. 그림에 들어 있는 건물들의 소실 여부와 재건된 연대 등으로 짐작하여 순조 30년(1830) 이전에 도화서 화원들이 그린 것으로 추정된다. 이 그림은 회화적 가치보다는 궁궐 건물 연구에 더 큰 의미를 갖고 있다. 평면도인 궁궐지나 동궐도형보다 건물 배치나 전경을 시각적으로 잘 표현하고 있어 고증적 자료로서 중요한 가치를 지니고 있다. 그런데 〈동궐도〉에 그려진 금천교와 진선문을 확인해 보니 지금처럼 틀어진 모습이 아니라 일직선으로 배치되어 있는 것을 확인할 수 있다.

이를 확인한 나는 2013년 문화재청에 창덕궁의 금천교가 왜, 언제 진선문과 틀어져서 건립되었는가에 대해 질의서를 제출했다. 문화재청은 금천교가 진선문과 틀어져 있다는 사실에 대해 인정하고 다음과 같이 답변했다.

귀하께서는 진선문과 금천교의 축이 틀어진 이유에 대하여 문의하셨습니다. 말씀하신 것처럼 현재 금천교와 진선문의 축이 일직선상에 놓여 있지 않고 비뚤어져 있습니다. 우선 현재의 진선문은 1995년부터 시작된 인정전 외행각 복원 공사시 확인된 기초를 토대로 복원되었습니다. 한편 금천교 역시 2001년 ~ 2002년에 발굴 조사를 실시한 결과 현재의 위치는 조선 시대 말에서 일제 강점기 사이에 중수되면서 원래의 축과는 달리 옮겨진 것으로 파악되었습니다. 발굴 조사에서는 중수 이전의 것으로 추정되는 유구가 확인되었고, 이와 관련된 축은 복원된 진선문과도 맞아

〈동궐도〉에 그려진 진선문과 금천교(위 사진)와, 〈조선고적도보〉에 수록되어 있는 세키노 타다시가 촬영한 사진(아래 사진)을 통해 일제 강점기에 금천교가 옮겨졌다는 사실을 확인할 수 있다.

좀 더 정확한 시점을 확인하기 위해 일제 강점기 촬영된 〈조선고적도보〉의 금천교 사진을 확인해 보니 일제 강점기 중반까지도 진선문과 금천교는 일직선상에 위치하고 있음을 확인할 수 있었다. 문화재청의 답변과 〈조선고적도보〉를 통해 대략의 상황은 짐작되었지만, 정확히 언제 무슨 의도를 가지고 옮겨졌는지는 확인할 수 없었다. 문화재청도 정확히 어느 시점에 어떤 의도로 이전되었는지는 알 수 없다고 했다.

일본이 조선의 궁궐을 무참하게 유린하던 시절, 창덕궁의 횡축에 어긋나게 이전되었다면 지금이라도 제자리로 바로잡을 수도 있는 것이 아니었을까. 내친 김에 문화재청 관계자에게 금천교를 '궁궐 제자리 찾기' 차원에서 원위치로 옮겨 줄 수 없느냐고 우겨 보았다. 자세한 사항을 검토해 보겠다고 하더니 며칠 뒤 금천교 이전은 어렵겠다고 난색을 표했다. 금천교가 워낙 오래된 다리이다 보니 원래의 자리로 옮기게 되면 아무래도 석재에 무리가 가서 곤란하다는 것이었다. 궁궐의 제자리 찾기도 중요하지만, 보물급 문화재에 균열을 초래하면서까지 강행할 만한 일은 아니겠다 싶어 금천교의 제자리 찾기를 멈추는 것으로 사건은 종결되었다.

지금도 가끔 창덕궁에 들리면, 진선문과 금천교가 눈에 거슬린다. 일제 강점기 동안 우리 궁궐은 모든 것이 비뚤어져 버렸고, 그 뒤 아무리 노력해도 제대로 복구되지 못하는 지경에 이르고 만 것이다. 잘못된 것을 바로 잡으려는 많은 노력들도 결국 현실적인 문제 앞에서 허사가 되어 버리고 마는 일이 너무나 많다. 문화재의 사정이 이러할진대 비뚤어진 역사, 왜곡된 역사는 어찌 바로 잡아야 하는 것일까? 우리들의 안일과 무관심, 현실 타협적 태도가 오늘의 현상을 배태한 것은 아닐까?

비뚤어진 금천교 앞에서 더 이상 바로잡지 못하는 슬픈 우리 궁궐의 운명이 자꾸만 불쌍하고 아쉽게 느껴진다.

국립고궁박물관에 전시 중인 순종 황후 어차. 황실 관련 유물이라는 역사성과 현재 전 세계적으로 남아 있는 차가 많지 않다는 희소성 그리고 당시 근대의 시대적 상황을 보여 줄 수 있다는 상징성을 갖고 있다는 점에서 2006년 12월 4일 등록문화재 319호로 지정되었다.

순종의 어차고는 원래 커피숍이었다?

2007년 10월 28일, 종로 거리에 오래된 자동차 한 대가 나타났다. 그것은 다름 아닌 대한제국 마지막 황제 순종의 자동차였다. 문화재청 국립고궁박물관 전면 재개관일(2007. 11. 28)을 기념하여 80년 만에 창덕궁 어차고에서 문화재청 국립고궁박물관으로 자동차를 이전하는 퍼레이드가 벌어진 것이다.

80년 만에 종로에 나타난 순종의 자동차

순종 어차는 미국 GM 사가 1918년경에 제작한 캐딜락 리무진이고, 순정효황후가 탔던 어차는 영국의 다임러(DAIMLER) 사가 1914년에 제작한 것이다. 두 차량 모두 7명이 탈 수 있으며 차체 색상(마룬색 : 검붉은 색)도 비슷하다. 어차 문에는 황실의 상징인 이화문(李花紋 : 오얏꽃 무늬)의 금도금 장식, 내부에는 이화문으로 된 황금색 비단이 붙어 있고, 바닥에는 고급 카펫이 깔려 있어 당시 사람들에게 황실의 차량임을 알 수 있도록

창덕궁에서 국립고궁박물관으로 이전되는 순종 어차.

명칭	연식	제작처	크기	배기량
순종 어차	1918년	GM	(h)211x(w)173x(l)474cm	5,153cc
순정효황후 어차	1914년	DAIMLER	(h)204x(w)178x(l)440cm	3,309cc

했다. 차체는 지금과는 달리 철제가 아닌 목제, 외부 도장은 칠(漆)로 되어 있고 전체적인 형태 면에서 마차와 비슷한 모습을 하고 있어 초기 자동차 모델의 특성이 드러난다. 또한 순종의 어차는 제작 당시 20대밖에 만들지 않아 세계적으로 단 4대밖에 남아 있지 않다고 하니, 고(古)자동차 애호가들의 주목을 받는 귀중한 문화재일 수밖에 없는 이유이다.

순종의 어차고가 커피숍으로 바뀌었다고?

80년 만에 순종의 어차가 종로에 모습을 다시 드러낸 지 5년 만인 2012년 10월, 국회 국정감사장에서 순종 어차가 화두로 부상했다. 순종의 어

창덕궁 어차고(왼쪽 사진)와 어차 이전 후 편의 시설 입점 준비 공사 중인 모습.

차가 국립고궁박물관으로 이전된 뒤 어차가 보관되어 있던 어차고가 2010년 5월부터 커피숍으로 개조되어 영업 중인 것으로 밝혀진 것이다.

이곳이 커피숍으로까지 전락한 경위는 나름 이유가 있어 보인다. 원래 이곳은 조선 시대 2품 이상 대신들과 당상관(정3품 이상)들의 회의 공간인 빈청(賓廳)으로, 조정 관료들이 사용하는 공간으로는 창덕궁에서 가장 규모가 컸다고 한다. 그러다가 1910년 한일강제병합 이후 일제의 궁궐 훼손 정책으로 순종 황제가 타고 다녔던 자동차를 전시하는 어차고(御車庫)로 사용되었다. 그 뒤 2007년에 순종의 어차가 국립고궁박물관으로 옮겨지면서 빈 공간이 되자, 관람객 편의 시설 확충을 위해 이 공간에 커피숍을 만들었다.

문화재청 관계자는 "(기록엔 나와 있지 않지만) 발굴 결과 조선 시대 빈청은 일제 강점기 때 이미 없어진 것으로 추정된다."면서 "관람객이 쉴 수 있는 공간을 마련하기 위해 어차고를 개조한 것"이라고 해명했다.

"일제가 빈청을 먼저 어차고로 바꿨기 때문에 카페 개조엔 문제가 없다."는 것이다. 하지만 국정감사장에서 국회의원들의 거센 질타가 이어졌고, 한국경제신문〈커피숍으로 전락한 창덕궁 '빈청'〉, 2012.10.3에 의하면 최이태 문화재청 궁능문화재과장은 "일제가 훼손한 궁궐 건축물을 원형 복구하는 게 바람직한 방향"이라며 "카페 위탁 기간이 끝나는 2014년에 빈청을 원형대로 복원할 계획"이라고 밝혔다고 한다. 지켜볼 일이다.

문화재청이 원형 복원 계획을 밝히기는 했지만 아무리 이해하려 해도 어차고를 커피숍으로 사용하는 것은 좀 심하다는 생각을 안 할 수 없다. 문화재청은 2014년까지 위탁 계약을 이유로 현재의 커피숍을 이전할 수 없다고 하지만, 위탁 계약이라고 해 봐야 문화재청의 산하단체인 한국문화재보호재단에 사업권을 넘겨 주고 임대료를 받지 않는 내부 계약일 것이 뻔하기 때문이다. 문화재청의 진심을 의심할 수밖에 없

순종 어차 이전 후 커피숍으로 사용되고 있는 모습. 일제 강점기에 빈청이
어차고로 변했고, 어차 이전 후에는 차고가 커피숍으로 변했다.

는 이유이다. 더구나 창덕궁이야말로 궁궐 건축의 자연적 조형미를 보여 주는 가장 한국적인 궁궐이자 유네스코 세계문화유산이며, 남아 있는 조선의 궁궐 중 그 원형이 가장 잘 보존돼 있을 뿐 아니라 가장 오랜 기간 조선의 임금들이 거처했던 궁궐이라고 자랑해 온 것은 문화재청이 아니었던가. 문화재의 원형 보존과 현상 유지를 외쳤던 문화재청이 왜 창덕궁 어차고를 커피숍으로 사용하도록 한 것인지 도무지 납득되지 않는다.

우리 스스로 훼손한 창덕궁 돌담

문화재청의 문화재를 대하는 태도를 확인할 수 있는 사건이 2013년 11월 한 인터넷신문에 보도되었다. 창덕궁 담장 안으로 들어와 있는 민가와 돌담의 관리 부실을 지적하는 노컷뉴스의 기사〈최고의 궁궐 그러나 최악의 돌담〉, 2013. 7. 20였다. 보도에 의하면, 세계문화유산인 '조선 최고의 궁궐' 창덕궁의 돌담은 현존하는 궁궐 돌담 중 '최악의 돌담'으로 꼽히고 있다는 것이다. 돌담 훼손의 모든 사례를 파노라마처럼 보여 주고 있는 곳, 그래서 우리나라 궁궐 중 유일하게 돌담길을 따라 걷는 일이 불가능한 곳, 그곳이 바로 창덕궁이며, 개선의 움직임도 보이지 않는다고 신문은 전하고 있다.

대표적인 예로 들고 있는 것은 창덕궁 궁궐 담 안에 있는 2층 개인 주택이다. 궁궐을 정원 삼고 궁궐 돌담을 담벼락 삼은 이 개인 주택은 1960년대 창덕궁 관리소장의 관사로 사용되다가 이후 문화공보부 간부가 사

창덕궁 돌담 내부에 위치한 주택. 창덕궁 관리소장 관사였다가 개인 사유지로 넘어갔다고 한다.

유지로 사들여 개인 주택이 된 건물이다. 현재 소유자는 1980년대 초에 이 집을 매입해 거주하고 있으며, 창덕궁 돌담의 일부는 아예 개인 주택의 철문으로 개조된 상황이다. 창덕궁이 유네스코 세계문화유산으로 지정된 것이 1997년인데, 그 후에도 어떻게 이런 상황이 버젓이 방치돼 온 것일까? 담당 부서인 문화재청 창덕궁 관리사무소측은 "민가 매입을 위해 노력 중이지만 순탄치 않다."는 말만 십수 년째 되풀이 중이다.

그런데 가만히 생각해 보면 어처구니가 없다. 1960년대가 아무리 어수룩한 시대라 하더라도 창덕궁 관리소장 관사를 문화공보부 간부가 매입하여 사유지화하는 황당무계한 일이 어떻게 가능했던 것일까? 어느 바보가 창덕궁 안에 있는 집을 살 것이며, 돈을 주고 궁궐 그것도 담장 안의 관리소장 관사 건물을 매입해서 자기 소유로 등기했다는 것이 법적으로도 잘 이해가 되지 않는다. 나는 문화재청의 해명이 틀렸거나 사실 관계 오류가 아닐까 생각한다. 어쨌든 조선을 대표하는 가장 아름다운 최고의 궁궐, 유네스코 세계문화유산인 창덕궁은 그렇게 관리되고 있었다.

언론에 의해 수차례 이러한 문제점을 지적 받았음에도 불구하고 아직도 별다른 긴장감 없이 운영되고 있는 '창덕궁' 문제를 보면, 어차고가 왜 커피숍으로까지 전락했는지 짐작해 보는 것이 그다지 어려운 일은 아닐 듯싶다. 커피숍으로 사용하고 있는 순종의 어차고를 빈청으로 복원하겠다고 약속한 2014년 문화재청은 과연 어차고를 원래의 상태로 되돌릴 수 있을까? 이번에도 또 다른 핑계를 대면서 대충 넘어가려고 하지는 않을까 하는 걱정에 마음이 어지럽다. 그동안 수많은 사례를 통해 경험했던 정부의 문화재에 대한 역사 인식을 믿지 못하기 때문이다. 문화재청이 나를 포함한 국민들에게 믿음을 주는 길은 약속한 것을 제대로 지키는 것이다. 나아가 연구와 고증을 통해 '제대로' 복원하는 것이다.

우리나라 궁궐에는 언제나 외국 관광객과 체험 학습을 나온 어린 아이들로 넘쳐난다. 그들에게 쉼터 공간을 제공하는 것도 중요하지만 원형을 보존해야 할 궁궐에 커피숍이 있다는 것을 고마워 할 관광객은 없을 것이다. 문화재는 한 나라의 정신 문화 수준을 가늠하는 척도이기 때문이다.

보물 815호 희정당(熙政堂)의 전경과 내부 모습.

경복궁 강녕전을
뜯어 희정당을
복구한 까닭은?

2005년 7월 24일, 창덕궁 희정당(熙政堂)에서 매우 역사적인 행사가 열렸다. 고종의 아들이자 순종의 이복 형, 대한제국의 마지막 왕으로 일컬어지는 영친왕, 그의 아들로 이왕세자로 불렸던 이구 씨가 2005년 7월 16일 도쿄에서 갑작스럽게 사망한 뒤 열린 조선 왕실의 마지막 영결식이었다.

조선 왕실의 마지막 영결식이 열린 희정당

황세손장례위원회(공동위원장 유홍준 문화재청장, 이환의 전주이씨 대동종약원 이사장)가 주관하는 가운데 열린 영결식에는 이해찬 국무총리와 유홍준 문화재청장, 우라베 도시나오 주한 일본 대리대사, 일본 황실 쪽 인사 다카노 나시모토를 비롯 조선 왕실 후손 등 약 1천여 명이 참석했다.

이 날을 역사적인 날로 기억하는 것은 조선 왕실의 마지막 영결식이라는 점 때문이었다. 이 날을 끝으로 문화재청은 더 이상 조선의 궁궐에

영결식을 마치고 남양주 금곡에 마련된 장지를 향해 떠나는 이구의 유해. 궁궐에서 거행된 조선 왕조의 마지막 장례식 모습이다.

서 왕실의 장례식이 치러지지는 않는다고 말했다. 전주이씨대동종약원이 이구 황세손의 사후에 양자를 지명하기는 했으나, 이를 둘러싼 문중 내부의 이견이 돌출되고 있을 뿐만 아니라, 사후 양자를 인정하지 않는 우리나라 법률에 의하면, 이구 씨를 끝으로 조선 왕실의 적통은 단절되었기 때문이다.〈영친왕 아들 이구씨 영결식, 영릉에 안장〉, 연합뉴스(2005. 7. 24) 그런 의미에서 이구의 영결식 날은 조선 왕실이 궁궐에 대한 모든 권리를 잃고 사라진 날이기도 했다.

창덕궁 희정당이 경복궁 강녕전이라고?

조선 왕실의 마지막 행사를 지켜본 희정당은 앞면 11칸, 옆면 4칸으로 한식 건물에 서양식 실내장식을 하고 있다. 지붕은 옆면에서 볼 때 여덟 팔(八) 자 모양을 한 팔작지붕으로 꾸몄다. 건물의 창건 연대는 확

현재 희정당의 현관 모습(왼쪽 사진)과 희정당으로 들어가는 이방자 여사(오른쪽 사진).
1922년 영친왕 내외의 귀국 당시 촬영된 사진이다.

실하지 않으며, 연산군 2년 궁내의 숭문당 건물이 소실되었다가 재건
되면서 당호를 '희정당'이라고 바꾸어 창덕궁의 한 건물로 되었다고 한
다. 그때부터 임진왜란 때 소실된 이후에도 여러 차례 화재로 불타 재
건되었다. 임금의 정무 공간인 창덕궁의 편전은 본래 선정전이었는데,
내전에 속한 건물이었던 희정당이 조선 후기에 왕이 대대로 집무를 하
는 통에 편전으로 바뀌었다. 특히 순조 30년 5월에는 효명세자(후에 익
종으로 추존)가 이곳에서 승하했고, 고종이 경복궁 완공 전까지 머물기도
했다.

  희정당 응접실 벽에는 1920년 가을 순종의 명을 받아 해강 김규진이
그린 〈총석정절경도(叢石亭絶景圖)〉와 〈금강산만물초승경도(金剛山萬物
肖勝景圖)〉가 동편과 서편에 각각 그려져 있다. 대청 좌우로 방이 있는
데 왕의 침소이다. 방은 앞퇴와 뒤편 골방, 개흘레(집의 벽 바깥으로 조그맣
게 달아 낸 칸살)로 감싸여 있는데, 여기에 상궁과 나인이 지키면서 긴급

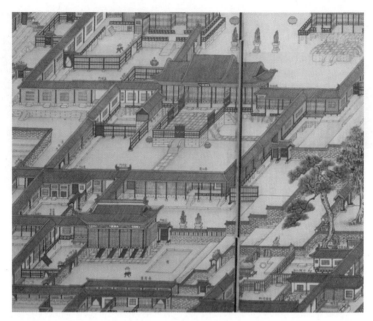

〈동궐도〉에 그려진 원래의 희정당과 대조전의 모습. 1917년 화재 이후 경복궁 강녕전을
뜯어 옮긴 현재의 희정당과는 많이 다른 모습이다.

사태에 대비했다. 침소 안에 큰 세간이 없는 것이 특이한데 이는 자객
이 스며들 가능성을 원천적으로 봉쇄하기 위해서라고 한다.〈정책브리
핑, 유네스코 등록 세계유산, 창덕궁〉(3), 2005. 6. 19 건물 앞쪽에는 전통 건물
에서 볼 수 없는 현관이 생겼고 자동차가 들어설 수 있게 설비되었다.
이는 마차나 자동차가 사용되기 시작하면서 채택된 서양식 구조라 할
수 있다.

경복궁 강녕전을 뜯어 희정당을 복구한 까닭은?

1917년의 화재로 대조전과 희정당을 포함한 창덕궁 내전의 대부분이 화재로 크게 소실되었다. 이 화재는 단순한 실수라기보다 일제가 경복궁을 훼손하기 위해 고의로 낸 화재가 아닌가 하는 의심이 짙었다. 일제가 창덕궁의 화재를 복구시킨다면서 경복궁을 헐기 시작했기 때문이다. 특히 일제는 경복궁 침전인 강녕전을 뜯어다가 희정전을 복구했는데, 이는 불난 집을 고치기 위해 멀쩡한 집을 뜯은 것과 매한가지이다. 어쨌든 이로 인해 경복궁은 완전히 황폐화되었으며, 창덕궁 내전의 모습 또한 원래의 모습보다 축소되는 등 그 모습이 판이하게 달라져 버리고 말았다.

경복궁 강녕전을 뜯어다 희정당을 복구했다는 증거는 여러 군데에서 확인할 수 있다. 특히 희정당 지붕에 강녕전의 흔적이 남아 있는데, 팔작

희정당 내부의 벽화. 해강 김규진이 그린 〈총석정절경도〉(위 사진)와 〈금강산만물초승경도〉(아래 사진).

희정당 지붕에 있는 강녕(康寧)이란 글씨. 경복궁 강녕전을 뜯어 희정당을 복구했음을 증명하고 있다.

지붕의 가운데 기하학적 조형미를 살려 만든 지붕 한쪽에는 '康(강)' 자가, 반대쪽에는 '寧(녕)' 자가 통풍문으로 만들어져 있다. 또 한 켠을 돌아 선원전의 마당으로 나가면 만나는 아름다운 굴뚝에서도 강녕전의 흔적이 남아 있다. 굴뚝에 새겨진 '강녕(康寧)'이란 글자 역시 경복궁 강녕전을 희정당으로 이전 당시 가져온 '강녕전의 굴뚝'이란 것을 말해 주고 있다.

강녕전 굴뚝은 왜 다르게 복원되었는가?

그렇다면 창덕궁으로 이전된 경복궁 강녕전은 현재 어떤 모습으로 남아 있을까?

강녕전은 경복궁의 내전(內殿)으로 왕이 일상을 보내는 거처였으며

1920년 강녕전에서 희정당으로 옮겨진 '희정당 굴뚝'(왼쪽 사진)과 1995년 복원된 강녕전 굴뚝(오른쪽 사진). 희정당 굴뚝에는 '강녕'이란 글자가, 복원된 강녕전 굴뚝에는 '만수무 강'이라는 글자가 또렷하다.

1995년 복원된 강녕전의 모습.

창덕궁 희정당 굴뚝(왼쪽 사진)과 경복궁 천추전 굴뚝(오른쪽 사진).

침전으로 사용한 전각(殿閣)이었다. 1395년(태조 4)에 창건하고, 정도전
(鄭道傳)이 건물 이름을 지었다고 한다. 강녕전은 1995년 경복궁 복원
사업의 일환으로 다시 지었으며, 강녕전 주위의 12개 부속 전각도 복원
되었다고 했다. 복원 당시 문화재청은 세키노 타다시[關野貞]가 촬영
한 〈한국건축조사보고(韓國建築調查報告)〉에 실린 사진들을 많이 참고했
다고 알려져 왔다.

　강녕전 복원 사실을 확인하면서 나는 문득 경복궁 강녕전의 굴뚝은
어떻게 복원되었을까 하는 궁금증이 생겼다. 그런데 복원된 강녕전의
굴뚝에는 나의 기대와는 다르게 '강녕'이 아닌 '만수무강'이란 글자가 새
겨져 있었다. '희정당 굴뚝'에 새겨진 '강녕'이란 글자로 추정한다면, 이
것은 틀림없이 1920년 강녕전에서 옮겨온 '강녕전 굴뚝'이었음에 의심
의 여지가 없어 보였다. 그렇다면 경복궁 강녕전을 복원하면서, 강녕전
에서 옮겨간 '희정당 굴뚝'을 참고해서 복원해야 하는 것이 정도(正道)가
아니었을까?

1995년 복원 당시 무슨 이유에서 두 굴뚝은 서로 다르게 만들어진 것이었을까? 나로서는 명확한 근거나 자료를 얻을 수 없었고, 다소 의아하다는 생각뿐이었다. 그러나 한편 곰곰이 생각해 보니 1995년도에 복원된 강녕전 굴뚝과 현재 희정당의 굴뚝은 다른 위치에 서 있던 굴뚝일지도 모른다는 생각이 들었다. 아무리 그래도 OECD 선진국 대열에 접어든 우리나라가 그냥 아무 생각 없이 무턱대고 복원했다고는 생각하고 싶지 않았다. 아마 무슨 이유가 있던지 아니면 뭔가 타당한 이유나 근거 자료가 있을 것이라고 믿고 싶었다. 그러고 보니 현재의 희정당 굴뚝과 복원된 강녕전 굴뚝은 형태가 많이 달라 보였고, 용도도 좀 다른 듯했다.

혹시나 강녕전 주위에 다른 굴뚝이 있는가 해서 살펴보니, 천추전에 희정당 굴뚝과 비슷한 굴뚝이 보였다. 희정당 굴뚝은 1920년에 이전될 당시의 강녕전이 아니라 천추전에서 옮겨 온 것이 아닐까 하는 의문마저 들었다. 그렇다면 희정당 굴뚝에는 왜 '강녕'이란 글자가 새겨졌던 것일까? 또 1995년 복원 당시 천추전 굴뚝에는 왜 아무런 글자를 새기지 않고 복원한 것일까?

의문에 의문은 꼬리를 물고 해결되지 않는다. 진짜 설마 이것도 어떻게 대충하다 보니 그냥 그렇게 되어 버린 것은 아니겠지?

창덕궁 부용지(왼쪽 사진)와 애련지.

창덕궁 후원의
연꽃은 모두
어디로 사라졌을까?

　조선의 법궁은 경복궁이다. 그러나 경복궁은 임진왜란 때 불탄 후 흥선대원군에 의해 중건되기 전까지 다시 지어지지 못했다. 궁궐을 짓는다는 것이 엄청난 공사이기도 했지만 아마도 이를 대체할 창덕궁이 있었기 때문이지 않을까 한다. 그래서인지 창덕궁은 임진왜란 이후 오랫동안 임금이 거처하며 나라를 다스리는 정궁(正宮)의 역할을 했다.

한국에서 가장 아름다운 정원, 비원

　특히 창덕궁에는 비원이라고 불리는 정원이 있는데, 임금을 위한 휴식 공간으로 조성되었다고 한다. 그 규모가 엄청나고 아름다워 1997년에 세계문화유산으로 지정되었다. 창덕궁을 소개한 책에는 창덕궁 후원을 다음과 같이 표현하고 있다.

　창덕궁 후원은 임금의 심신을 새롭게 할 휴식 공간으로 조성되었다.

때문에 이곳은 아무나 들어갈 수 없다는 의미에서 금원(禁苑) 혹은 비원(秘苑) 등으로 불렸다.

조선 시대 정원의 모습이 가장 잘 구현되었다고 평가받는 창덕궁 후원은 창덕궁 면적의 약 2/3를 차지할 만큼 넓다. 그 속에는 산과 계곡에 정자와 연못이 더해지고 어우러져, 깊은 산속 같기도 하고 곧 신선과 선녀가 나올 법한 신선의 세계 같기도 하다. 조선의 임금들은 국정에 지친 심신을 달래기 위해 후원을 거닐며 시를 짓기도 하고 때론 신하들과 활을 쏘며 임금과 신하의 관계를 돈독하게 하기도 했다. 또한, 겨울에는 후원의 높은 봉우리에 올라 눈 구경을 하고 시를 남겼다. 이렇듯 창덕궁 후원은 조선 임금들의 인간적이고 예술적인 체취가 흠뻑 배어 있는 감성의 공간이었다.

- 최종덕, 〈가장 조선다운 궁궐 창덕궁〉, 《월간 문화재사랑》 2008년 9월호

보는 이들의 감탄을 자아내는 창덕궁 후원에는 유독 연꽃과 관련된 이름이 많다. 후원으로 진입해서 첫 번째 관람하게 되는 부용정, 불로문 안에 조성된 애련지 등이 창덕궁 후원이 원래 연못과 연꽃이 어우러진 공간이었다는 것을 말해 준다. 이와 관련한 문헌 기록도 전해지고 있는데, 《동국여지비고》에는 "주합루 남쪽 연못가에 있다. 연못 안에 채색하고 비단 돛을 단 배가 있어, 정조 임금께서 꽃을 감상하고 고기를 낚던 곳이다."라고 하여 부용지에서 정조가 연꽃을 즐겼다는 것을 증언하고 있다. 특히 일제 강점기에 촬영된 부용지와 주합루 사진에는 무성하게 자란 연꽃을 확인할 수 있다.

연꽃이 만발한 경복궁 경회루(위 사진). 아래 사진은 창덕궁 부용지로, 일제 강점기에 촬영된 사진이다.

연꽃은 창덕궁 비원뿐만 아니라 경복궁에서도 발견된다. 각종 자료는 경회루, 향원정 등지에도 모두 연꽃이 있었다는 사실을 확인해 주고 있다. 향원정과 경회루 같은 경우 1980년대까지도 연꽃을 촬영한 사진이 남아 있을 정도였으니 궁궐과 연꽃은 깊은 연관이 있어 보인다. 그런데 최근 궁궐에 가 본 사람은 알겠지만, 궁궐에서 연꽃을 발견할 수 없다. 그 많던 연꽃들은 도대체 어디로 간 것일까?

연못에 연꽃이 없다?

1993년 7월 25일 법정 스님이 한 일간지에 칼럼을 기고했다. 독립기념관에 조성된 연꽃이 갑자기 없어지고 빈 연못으로 남아 있기에 무슨 일인가 확인하기 위해 다녀와서 쓴 글이라고 한다. 그런데 사연인 즉, 연꽃이 불교를 상징하기 때문에 없애 버렸다는 황당한 이유를 알게 되었고, 궁궐의 연꽃들 또한 동일한 사유로 사라진 사실을 이 글을 통해 고발했다. 스님에 의하면 우리는 편협한 정치가들에 의해 '연못에 연꽃이 없는 시대'에 살고 있는 셈이었다.

돌아오는 길에 모처럼 독립 기념관에 들러 보았다. 한 가지 일을 내 눈으로 확인하기 위해서였다. 내가 존경하는 원로 화가로부터 작년에 들은 말인데, 나는 그때 그 말을 듣고 적잖은 충격을 받았었다. 독립기념관을 지을 때 정원에 대해서 관계기관으로부터 자문이 있어, 연못에 백의민족을 상징하는 백련을 심도록 했다. 그래서 화가가 몸소 나서서 멀리 지방에까지 내려가 어렵사리 구해다가 심었다. 그 후 연이 잘 크는지 보기 위해 가 보았더니, 아 이 무슨 변고인가. 연은 어디로 가고 빈 못만 덩그러니 있더라는 것. 그래 무슨 일이 있어 빈 연못으로 있는지 그 까닭을 알아봤더니, 새로 바뀐 관리책임자 되는 사람이 "왜 이런 곳에 불교의 꽃을 심어 놓았느냐고 화를 내면서 당장 뽑아 치워버리라."고 해서 그리 됐다는 것이다. 지금도 안내판에는 '백련못'이라고 똑똑히 써 있었는데 8천 평 가까운 그 백련못에 연은 한 포기도 없었다.

이런 현상은 독립기념관만이 아니고 경복궁과 창덕궁에도 마찬가지라고 했다. 연꽃 철이 되어 혹시나 해서 어제 빗길을 무릅쓰고 경복궁과 창덕궁의 비원을 일부러 찾아가 보았다. 경복궁 서북쪽에 큰 연못이 있어 나는 서울 근교에 살 때 연꽃을 보러 일부러 찾아간 적이 몇 차례 있었다. 거기 연못 속에 향원정이란 정자가 있는데, 송대의 한 학자가 연꽃을 기린 글 '애련설'에서 따온 이름으로, 연꽃 향기가 멀리서 은은히 풍겨온다는 데서 유래된 이름이다. 연못에는 연꽃도 그 향기도 자취가 없이 비단 잉어 떼의 비린내만 풍기고 있었다. 경회루 연못도 마찬가지였다.

비원에는 연꽃의 다른 이름인 부용에서 따온 부용정과 부용지가 있지만 역시 연꽃은 볼 수 없었다. 불교에 대한 박해가 말할 수 없이 심했던 조선 왕조 때 심어서 가꾸어 온 꽃이 자유·민주주의 체제 아래서 뽑혀나간 이 연꽃의 수난을 우리는 어떻게 받아들일 것인가. 꽃에게 물어보라. 꽃이 무슨 종교에 소속된 예속물인가. 불교 경전에서 연꽃을 비유로 드는 것은 어지럽고 흐린 세상에 살면서도 거기 물들지 말라는 뜻에서다. 불교 신자들은 연꽃보다 오히려 백합이나 장미꽃을 더 많이 불전에 공양하고 있는 실정이다. 아, 연못에서 연꽃을 볼 수 없는 그런 시대에 우리가 지금 살고 있다.

- 법정 스님, 〈연못에 연꽃이 없다〉, 동아일보(1993. 7. 25)

해명

佛像치워 대형사고 "루머" "사실밝히려고 공개

〈청와대 이례적 소문 해명〉, 동아일보(1994. 10. 28)

법정 스님의 칼럼은 커다란 사회적 파장을 불러왔다. 스님의 말처럼 향원정이나 애련정과 같은 이름도 불경에서 인용한 이름이 아니라 주돈이(송대의 유학자)의 '애련설'이라는 문장에서 인용한 이름이었다. 이처럼 궁궐에 연꽃을 심은 까닭은 불교 때문이 아니라 동양 사회가 지닌 '연꽃의 아름다움에 대한 보편성' 때문이었다. 그런데 현대에 와서 궁궐의 연못을 불교적 상징 체계라고 판단해서 없애 버린 것은 지나치게 편협한 인식일 뿐만 아니라 사실 관계의 오해에서 오는 무지한 일이라고 비판하지 않을 수 없는 것이다.

논란이 커지자 청와대에서는 이에 대한 해명을 발표했다. 당시 김영삼 정부는 청와대에 있던 통일신라 불상을 어디론가 치워 버렸다는 의혹에 시달리고 있던 때이기도 했다. 그런데 청와대의 해명은 더욱 가관

모네, 〈수련〉 Water Lilies, 200×425cm, 뉴욕 현대미술관(MOMA)

이었다. 청와대는 독립기념관과 경복궁에 알아본 결과, '연꽃 뿌리를 물고기가 뜯어 버리는 바람에' 죽었던 것이며, 최근 물고기들을 다른 데로 옮겨 연꽃이 소생했다고 해명했다.

궁궐에서 연꽃 향기에 취할 날이 올까?

뉴욕을 방문했을 때 시골 티(?)를 면하러 뉴욕 현대미술관에 간 적이 있었다. 그곳에서 모네의 그림 〈수련〉이란 아름다운 그림을 보게 되었다. 나는 모네의 그림을 보기 전까지는 수련과 연꽃이 같은 종류의 꽃이라고 생각하고 있었다. 한자 표기로는 연(蓮)과 수련(睡蓮)이 모두 같은 글자였기 때문이다. 그런데 모네의 그림 제목이 'Water Lilies(물백합)'라고 표기되어 있는 걸 보고 그때서야 연꽃(Lotus)과 수련(Water lily)이 조금 다른 종류라는 걸 알게 되었다. 연꽃은 꽃대가 물 위로 올라와서 그 위에 꽃이 피는 식물이고, 수련은 꽃대 없이 수면 위에 붙어서 꽃을 피우는 식물이니 좀 다른 식물로 분류하고 있는 셈이었다.

우스운 이야기일지 몰라도 그때 순간적으로 우리 궁궐의 연못과 수련을 떠올렸다. 그리고 보니 우리 궁궐에 심은 것은 연꽃이 아니라 수련이었다는 사실을 알게 된 것이었다.

당시 신문 보도에 의하면, 김영삼 대통령은 스님들을 청와대로 초청하여 연꽃과 관련 해명을 한 뒤, 다시 연꽃을 심도록 조처했다고 말했다. 초청된 원로 스님들도 대통령의 약속을 믿고 연꽃과 관련된 오해를 모두 풀었다고 전해진다. 그런데 그 뒤 연꽃이 아닌 수련을 심은 것은 또 무슨 꼼수였을까?

문화재청이 그토록 강조하는 '문화재의 원형 보존과 관리'라는 측면에서 볼 때도, 궁궐 연못에 굳이 연꽃을 배격하고 수련을 심은 것은 바람직하지 않은 것 같다.

불교의 꽃이라고 오해를 받아 밀려난 연꽃은 그렇게 지금도 되돌아오지 못하고 있다. 지금이라도 당장 궁궐에 연꽃을 심지 못하겠냐고 호통치고 싶지만, 승려라는 신분 때문에 더욱 불교의 꽃이라는 오해를 살까 봐 그럴 수도 없는 형편이다.

우리 궁궐의 아름다운 연못에서 우아한 연꽃 향기에 취해 볼 날이 다시 오기는 할 수 있을까? 지금은 열반하여 아니 계신 법정 스님 생각이 문득 머릿속을 스친다.

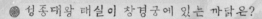

◉ 성종대왕 태실이 창경궁에 있는 까닭은?
◉ 창경궁에는 왜 고려 시대의 석탑이 있을까?
◉ 창경궁은 왜 창경원으로 바뀌었는가?

창경궁

창경궁 풍기대 부근의 성종 태실.

성종대왕 태실이 창경궁에 있는 까닭은?

창경궁 풍기대 부근을 지나면 다소 의외라고 할 수 있는 석물 하나가 눈에 띈다. 안내판에는 이 석물이 성종대왕 태실이라고 설명되어 있다. 태실은 왕실이나 양반 상류층에서 아이의 태를 태 항아리에 넣어 보관한 곳이다. 예로부터 태에는 아이의 생명력이 깃들어 있다고 하여 출산 후에도 태를 소중히 보관하였다.

창경궁에 왜 태실이 있을까?

태를 처리하는 방법은 신분에 따라 다르지만, 왕실이나 양반 상류층은 좋은 날을 가려 태를 태 항아리에 넣고 산에 묻었으며, 민간에서는 태를 왕겨에 묻어 태우거나 깨끗한 곳에 묻었다. 특히 왕실의 경우는 태 기운이 국운과 관련된다고 여겨 돌로 태실을 만들어 산에 묻고 특별히 관리하였다.

왕실에서는 왕자가 탄생하면 임시로 태실도감(胎室都監)을 설치하여

일제가 조성한 서삼릉의 조선 왕실 태실 전경. 마치 공동묘지처럼 조성되었는데, 일제 강점기 조성된 태실은 주위를 장방형의 담장으로 에워싸고 다시 중앙을 구분하여 일본을 상징하는 '일(日)' 자 모양으로 조성한 뒤, 철문을 만들어 보호 구역으로 만들었다. 1996년 장방형 담장과 가운데 담장을 철거하고, 국립문화재연구소에서 발굴 조사를 시행, 태 항아리와 지석들은 보존 처리했다고 한다.

이 일을 맡게 하였다. 출산 후, 태를 깨끗이 씻은 후 항아리에 봉안하고 기름종이와 파란 명주로 봉했다. 붉은색 끈으로 밀봉한 다음, 항아리를 큰항아리에 담는 등 이중(二重)의 항아리에 태를 보관하였다. 항아리에 보관된 태는 태봉지를 선정하여 묻는데, 이것을 안태(安胎)라고 한다. 태봉지가 정해지면 궁에서는 태봉출(胎奉出) 의식을 행하고, 안태사 행렬이 태봉지로 출발했다. 안태 행렬이 태봉지에 도착하면 그곳의 지방관들은 태를 봉안하는 의식이 끝날 때까지 이를 지원했다고 한다.

태를 묻는 태실은 풍수상의 명당에 자리잡았고, 그런 취지에서 본다면 태실은 생분(生墳 : 산사람의 무덤)을 조성하여 왕실의 평안과 태(胎) 주인의 안녕을 기원하는 풍수사상에서 파생된 의식이었던 셈이다. 그런데 어떻게 살아 있는 제왕의 생활 공간인 궁궐에 무덤에 해당하는 태실이 자리 잡게 된 것일까?

일제가 창경궁으로 태실을 옮긴 진짜 이유는?

일제는 1929년에 전국 각지에 있던 왕의 태 22위와 세자, 대군, 공주의 태 32위 등 총 54위의 태를 서삼릉으로 옮겼다. 명목상의 이유는 태실의 관리 현황이 너무 엉망이라는 이유였다. 실제로 전국에 산재한 역대 제왕의 태실은 여러 곳이 이미 도굴을 당했고, 심지어 명당이라 해서 민간인들이 시신을 암장한 곳도 수두룩한 지경이었다. 그러니 온전하게 태실을 관리하기 위해서는 태 항아리를 모두 한자리에 모아야 한다는 명분이 고스란히 먹힐 수 있는 상황이었던 것이다.

월산대군의 태 항아리. 높이 35.7 cm, 입지름 17 cm, 밑지름 18.2 cm로, 일본인이 소장하고 있다. 현재 일본의 아타카(安宅) 컬렉션에 소장되어 있으며, 그 반출 시기는 알 수 없다. 월산대군 이정(1454년~1488년)은 성종의 형이다.

일본 국보 봉황당(왼쪽 사진)과 조선총독부가 자경전을 헐어내고 건립한 이왕가박물관(오른쪽 사진). 이왕가박물관은 후에 장서각이란 호칭으로 바뀌어 사용되었으며, 1992년에 철거되었다. 성종 태실은 이왕가박물관의 야외 전시물로 선정되어 창경궁으로 옮겨졌던 것으로 추정된다.

가령 충남 예산의 현종(顯宗) 태실은 태 항아리마저 온데간데 없었고, 충남 홍성의 순종 태실에서는 암매장한 시신 두 구가 나왔다고 전해진다. 현재 서삼릉으로 옮겨진 역대 국왕의 태실 가운데 소화(昭和) 연호가 새겨진 탑지와 더불어 신규 제작된 외호(外壺)에 담겨져 태 항아리가 모셔진 사례가 적지 않은 것은 바로 이러한 까닭으로 풀이된다.이순우, 〈성종 태실은 왜 창경궁 안에 있을까〉, 오마이뉴스(2004. 3. 4)

그런데 태실을 서삼릉으로 옮긴다는 구실 하에 일제는 뛰어난 솜씨로 제작된 조선 시대 백자 태 항아리 등 태실 관련 유물을 일본으로 반출했던 듯하다. 일본으로 반출된 대표적인 태 항아리가 바로 월산대군의 태 항아리라고 할 수 있다. 문화재청의 설명에 의하면 월산대군의 태 항아리와 지석은 현재 일본의 아타카(安宅) 컬렉션에 소장되어 있다고 한다.

성종의 태실은 원래 경기도 광주군 경안면 태전리에 있었는데, 일제 강점기에 이런 과정을 거쳐 창경궁으로 옮겨진 것으로 보인다. 그 이유는 1928년 매일신보에서 그 내력을 짐작케 한다.

역대의 태봉 중에 가장 완전하며 가장 고귀하게 건설되었다는 광주(廣州)에 뫼신 성종의 태봉의 모든 설비를 그대로 옮겨다가 걱물이고 건물이고 한결같이 창덕궁 뒤 비원에다가 꾸며 놓고 전문기사를 시켜 연구케 하는 중이라는데, 새로이 건설되는 태봉은 성종 태봉을 표본으로 정중히 뫼실 것이라 한다.

위 기사에서 '전문기사를 시켜 연구케' 하겠다는 부분은 성종 태실이 왜 하필이면 창경궁으로 옮겨졌는가에 대한 시사점을 제공한다. 당시 창경궁에는 조선총독부가 건립한 이왕가박물관이 있었다. 따라서 성종 태실은 보존 상태가 가장 완전하며 가장 고귀하게 건설되었다.'는 이유로 이왕가박물관의 야외 전시물로 옮겨졌다고 추론할 수 있다.

성종 태실도 제자리에 돌려 놓아야

이왕가박물관은 1911년 일제가 조선의 기맥을 누르기 위해 창경궁의 자경전을 헐어낸 뒤 일본의 봉황당이란 유명한 국보 건물을 본떠 만들었다고 알려졌다. 1937년 이왕가박물관이 덕수궁으로 이전한 뒤에는 장서각이란 서고로 사용되어 왔으며, 1981년 이곳에 소장되었던 60만여 권의 장서가 정신문화연구원으로 이관된 후에는 흉물처럼 방치

창경궁 장서각 헐린다

"朝鮮왕조 격하" 日帝가 지어

昌慶宮에 있는 일본식건물인 藏書閣(사진)이 철거된다.

문화재관리국은 2일 일제가 조선의 왕궁을 격하시키기위해 창경궁내에 세운 장서각을 오는 9월까지 철거키로했다고 발표했다.

철거되는 장서각은 조선시대 비운의 왕세자인 사도세자의부인 惠慶宮 洪씨가 거처하던 慈慶殿자리에 지난1911년 일본宇

治市 鳳凰堂을 본떠 세워졌다.

李王家의 박물관으로 사용되던 이곳은 지난37년 덕수궁에 총독부박물관이 개관되면서 유물이 옮겨진뒤 서고로 이용돼왔다.

지난86년 창경궁 복원사업때 이건물의 이전문제가 논의되기도했으나 이전비용문제로 방치돼오다 이번에 완전철거키로 방침이 정해졌다.

〈창경궁 장서각 헐린다〉,
경향신문(1992. 2. 3)

돼 왔다. 이 건물은 그간 사학자들로부터 '국치의 상징이 남아 있는 오욕의 건물'로 평가돼 줄기차게 철거 주장이 제기된 끝에 1992년 결국 철거되었다.

이왕가박물관은 철거되었지만, 야외 전시물로 선택되어 창경궁으로 왔던 성종 태실과 관천대는 여전히 남아 한때 이곳에 박물관이 있었다는 사실을 묵묵히 증언하고 있다. 가끔 창경궁을 들러 성종 태실을 볼 때마다 아무래도 태를 묻는 무덤의 형태이니 만큼 제왕의 생활 공간인 궁궐 전시물로는 그다지 바람직해 보이지 않는다는 생각을 하게 된다. 더구나 이왕가박물관도 사라진 마당에 더 이상 창경궁에 남아 있을 별다른 구실도 없는 듯하다.

일제 잔재가 창경궁에서 완전히 사라지는 것은 불가능할 수도 있지만, 성종의 태실을 다른 곳으로 이전, 제자리를 찾아 주는 것이 어떨지 조심스레 제안해 본다.

창경궁 관천대. 1688년(숙종 14) 영의정 겸 관상감 영사(領事) 남구만이 창덕궁 금호문(金虎門) 밖에 축조했다가 후에 창경궁으로 옮겼다. 서울 종로구 계동의 관상감에 있는 관천대와 함께 조선 시대의 대표적인 천문대로 꼽히며 소간의대(小簡儀臺) 혹은 첨성대(瞻星臺)라고도 한다. 높이 3 m, 넓이 2.9 m×2.3 m 정도 되는 화강암 석대 위에 돌난간을 두르고 한가운데에 천체 관측기기인 간의를 설치하여 천체를 관측했다.

창경궁에 있는 고려 시대 오층석탑.
명정전을 지나 함인정 사이의 마당에 놓여져 있다.

창경궁에는 왜 고려 시대의 석탑이 있을까?

창경궁 명정전을 통과하면 사찰에서나 있음직한 석탑이 나온다.

조선은 숭유억불을 이념으로 한 나라로, 억불정책은 지나치다 싶을 정도로 수위를 넘은 측면이 많았다. 그런 상식에 기초하면 궁궐에 석탑이 있다는 것은 누구나 납득하기 쉽지 않은 일이다. 그런데 숭유억불 정책의 본거지인 조선 궁궐에, 그것도 조선 석탑도 아닌 전형적인 고려 석탑이 어쩌다가 이곳까지 흘러오게 된 것이었을까?

억불정책을 추구한 조선 궁궐에 웬 석탑?

조선 건국 후 승려 신분은 천민으로 전락했고, 출가하는 것조차 억압당하는 경우가 많았으며, 승려가 되기 위해서는 국가에서 정한 부역에 참여하여 몇 달을 무보수로 노역해야만 승려 자격증에 해당하는 도첩(度牒)을 받을 수 있었다. 승려들의 도성(都城) 출입은 완전히 통제되었을 뿐만 아니라 연산군 때는 승려를 환속시켜 남자는 연산군이 사냥할 때 몰

용산으로 이전되기 전 경복궁에 있던 보물 358호 영전사지 보제존자탑(왼쪽 사진)과 아직 경복궁에 남아 있는 국보 101호 법천사지 지광국사 현묘탑(오른쪽 사진). 영전사지 보제존자탑은 고려 후기의 승려인 보제존자의 사리탑으로, 모두 2기이다. 1915년, 일본인에 의해 국립중앙박물관으로 옮겨 세워졌는데, 보통 승려의 사리탑과는 달리 석탑 형식을 취하고 있다. 법천사지 지광국사 현묘탑은 고려 시대의 승려 지광국사 해린(984~1067)을 기리기 위한 것으로, 원래 원주의 법천사 터에 있던 것이다. 화려하게 꾸민 장식으로 인해 엄숙한 멋은 부족하지만, 고려 시대 탑 가운데 다른 어떤 것에 비할 수 없을 만큼 우수한 작품이다. 안타깝게도 기단의 네 귀퉁이마다 한 마리씩 놓여 있던 사자상은 일찍이 도둑맞아 지금은 한 마리도 남아 있지 않다(문화재청 설명 참조).

이꾼으로 부렸고, 여자는 궁방의 노비로 삼기까지 했다. 승려들의 도성 출입이 해제된 것은 1905년도의 일이니까 승려들이 서울을 돌아다니게 된 것은 불과 100년이 갓 넘었을 뿐이었다.

일제는 왜 궁궐에 사찰의 석탑을 옮겨 놓았을까?

조선 궁궐에 사찰의 석탑이 등장한 것은 1915년 가을, 경복궁에서 개최한 '시정 5주년 조선물산공진회' 때부터이다. 조선총독부는 1915년 9월 11일부터 10월 30일까지, 경복궁의 일부 건물을 철거하면서까지 전국의 물품을 수집·전시한 대대적인 박람회를 개최했다. 그들은 이런 행사를 통해 총독 정치가 조선 인민의 복리를 증진하는 데 기여한다고 강변했다. 더구나 병합으로 인해 한국민들은 큰 혜택을 입고 있다고 선전했다. 이에 일제는 병합의 정당성을 합리화하고 이른바 조선의 진보와 발전을 한국민에게 전시하려는 의도에서, 시정(施政) 5년을 기념한다는 명분으로 조선물산공진회를 개최하여 전국의 농민들까지 강제 동원하여 관람하게 하였다. 이때 조선 총독부는 야외 전시를 위해 전국에 흩어진 석탑들을 경복궁으로 이전했는데, 그때 이천 오층석탑, 원주의 영전사지 삼층석탑 등이 선택되었다.

당시 경복궁에 진열되었던 전국의 석탑들은 다시 돌아가지 못하고 2005년까지 경복궁 야외에 존치되어 있었다. 그러다가 2005년 국립용산박물관이 건립되자 이전 시 균열로 파손이 우려되는 원주 법천사지 지광국사 현묘탑을 제외한 영전사지 보제존자탑 등 나머지 석탑들은 경복궁을 떠나 박물관으로 옮겨졌다.

창경궁 오층석탑의 제자리 찾기

철처히 숭유억불 정책을 폈던 조선의 궁궐이 불교 관련 석탑과 부도로 장식되었던 것은 아이러니한 일이 아닐 수 없다. 그 배후에 일제가 있었으며, 일본은 조선의 불교 문화재와 궁궐 모두를 기묘한 방식으로 파괴해 버리고 말았다. 경복궁의 석탑과 부도들을 2005년 국립용산박물관 개관과 더불어 이전시킨 것은 불교 문화재와 조선 궁궐이라는 전혀 어울리지 않는 모순을 해결하기 위한 불가피한 조치였다고 평가할 수 있을 듯하다. 그런데 경복궁에 있는 석탑은 이전시키면서 창경궁에 있는 석탑을 방치하고 있는 이유는 무엇일까?

이에 2013년 5월 문화재제자리찾기는 창경궁 오층 석탑이 언제 창경궁으로 이전되었는지를 확인해 줄 것과 조선 궁궐과 이질적인 '석탑'을 적절한 장소로 이전해 달라는 '창경궁 석탑 이전 신청서'를 제출했다.

창경궁 오층석탑 이전에 관한 요청서

창경궁 숭문당 옆에 위치한 오층석탑은 이전되어야 합니다. 창경궁은 조선 시대의 왕궁으로 유학사상을 통치 이념으로 삼아 숭유억불 정책을 시행했던 궁궐에 석탑이 자리잡고 있는 것은 이해할 수 없는 일입니다. 아마도 일제 시기 조선총독부가 고의로 동물원을 설치하는 등 창경궁을

혜문 스님이 창경궁 오층석탑 앞에서 석탑에 대해서 설명하고 있다.

휘손하고 창경원으로 전락시키는 과정에서, 일본식 정원 조경을 위해 어디에선가 석탑을 가져다가 설치한 것으로 추정합니다.

석탑은 부처님의 사리를 모시는 용도로 건립된 조형물로 사찰 건축의 핵심 요소이며, 대웅전 앞에 건립되는 중요한 불교 문화재입니다. 이런 문화재를 궁궐 안에 아무런 학문적 근거 없이 설치하고, 광복 후 70년 가까운 세월 동안 방치하고 있는 것은 도저히 받아들일 수 없는 일입니다. 이에 하루빨리 석탑을 적정한 장소로 이전, 훼손된 창경궁을 원래의 모습으로 복원시켜 주심과 동시에 불교 문화재 역시 제자리를 찾게 해 주실 것을 간곡히 당부 드리며, 다음 사항을 질의합니다.

질의 사항

1. 창경궁 내 오층석탑이 설치된 시기와 설치 이유
2. 창경궁 내 오층석탑의 이전 계획 수립 여부

2013. 4. 29

문화재제자리찾기 대표 혜문

이에 대한 문화재청의 답변은 긍정적이었다. 우선 이전 시기에 대해 "창경궁 오층석탑은 고려 중엽에 제작된 것으로 보이고, 언제 어떤 경로로 이전된 것인지 정확한 시기를 알 수 없으나, 다만 일제 강점기에 창경궁으로 이건된 것으로 추정된다."고 답변했다. 또한 현재 정밀 실측을 시행 중이며 조사가 완료(2013년 11월)되면 국립중앙박물관 등 적정 장소를 협의하여 이전을 추진할 예정이라는 입장을 밝혔다. 광복 후 69년,

한참 뒤늦은 감이 있지만 창경궁 오층석탑은 드디어 제자리를 찾아 떠나게 된 것이다.

사찰 입구에 들어서면 험상궂게 생긴 천신들이 서 있는 사천왕문이란 것을 통과하게 된다. 사천왕은 불법(佛法)을 수호하는 네 명의 외호신(外護神)으로, 고대 인도 종교에서 숭상했던 귀신들의 왕이었으나 불교에 귀의하여 부처님과 불법을 지키는 수호신이 되었다고 한다. 그중 북쪽을 지키는 천왕을 다문천왕(多聞天王) 혹은 비사문천왕(毘沙門天王)이라고도 하는데, 사천왕 중의 우두머리이다. 비사문천은 손에 탑을 들고 있기에 탁탑천왕(托塔天王)이라고도 불리는 천신이기도 하다.

창경궁 오층석탑의 이전 소식을 듣고 절에 돌아오는 길에 천왕문에 들러서 비사문천을 참배했다. 그리고 '우리 궁궐의 제자리 찾기'가 더욱 힘차게 진행되기를 마음속으로 간절하게 기도했다.

환지본처(還至本處), 모든 것은 제자리로 가야 한다. 이 지면을 빌어 창경궁 오층석탑 이전 결정에 많은 도움을 주신 문화재청 박영근 문화재활용국장께 깊은 감사를 드린다.

어린이날 몰려든 인파로 북적이는 창경원.

창경궁은 왜 창경원으로 바뀌었는가?

창경원은 한때 대한민국 어린이들의 로망이었다.

해마다 어린이날 창경원에는 수십 만 인파가 몰려들었으며, 어린이들이 부모에게 창경원 호랑이를 보러 가자고 보채는 게 당시 풍습이었다. 간혹 어린이날 창경원에 다녀온 아이들은 제 동무들에게 호랑이와 코끼리, 원숭이 등이 어떻게 생겼다며 열변을 토했다. 가 본 적 없는 아이들은 친구가 들려 주는 창경원 이야기에 넋을 잃은 채 내년 어린이날에는 부모님을 졸라 꼭 호랑이를 보러 가야겠다고 다짐하곤 했다. 물론 나도 그런 어린이 중 한 명이었다.

창경궁, 그 아픈 잔혹사

일제는 대한제국을 점령한 후 경복궁을 비롯한 궁궐을 철저하게 유린했다. 그중에서도 창경궁은 다른 어떤 궁보다 큰 수난을 겪었다. 창경궁에 동물원이 문을 연 것이다. 1909년 11월 1일의 일이다.

개장하는 날부터 창경궁 정문인 홍화문(弘化門) 밖에는 이 땅의 첫 동물원을 구경하려는 인파가 구름떼처럼 몰려들었다고 한다. 입장료는 어른 10전, 어린이 5전이었다.

날로 규모가 커져 가며 인기를 모으던 창경원은, 제2차 세계대전이 터지자 식량 부족으로 굶어 죽는 동물이 속출했다. 게다가 1945년 7월 25일, "미군이 창경원을 폭격하면 맹수가 우리에서 뛰쳐나올 수 있으니 미리 죽여 없애라."는 명령이 도쿄로부터 하달되었다고 한다. 이에 사자, 호랑이, 곰 등 21종 38마리의 맹수에게 독약을 섞은 먹이를 먹였고, 그 날 밤 창경원 일대는 밤새도록 맹수들의 스산한 울부짖음이 가득했다고 전해진다.

동물들의 수난은 6·25 전쟁 때에도 이어졌다. 사육사들은 경황 없이 피난을 떠났고, 1951년 1·4 후퇴 때 급히 피난을 떠났던 사육사들이 다

창경원 시절의 동물들.

시 돌아왔을 때는 목숨이 붙어 있는 동물은 한 마리도 없었다고 한다. 부엉이, 여우, 너구리, 삵 따위는 굶거나 얼어 죽었고, 낙타, 사슴, 얼룩말들은 도살당해 먹을거리가 부족한 사람들의 식량이 됐다고 한다.

창경원에서 창경궁으로

이렇듯 전쟁으로 폐허가 된 창경원은 1954년부터 재건되기 시작했다. 미8군이 동부전선에서 생포한 곰 1마리를 기증했고, 여러 기관들과 개인이 돈을 내 동물을 사들였다. 사자는 한국은행이 맡았고, 이병철 당시 제일제당 사장이 코끼리를, 방일영 당시 조선일보 사장은 수리부엉이를 기증했다. 이렇게 모은 돈으로 수입된 동물이 대거 서울역에 도착했을 때 수많은 시민이 마중 나와 동물들을 환영했다고 한다.

나부터 그렇지만 일제에 의해 창경궁이 동물원으로 바뀌었다고 해서 슬퍼했던 사람은 별로 없었던 듯하다. 오히려 서울에 변변한 공원 하나 없던 시절, 가족들과 화창한 봄날에 가 볼 만한 위락 시설로 창경원은 많은 사랑을 받았다.

그러던 1981년 정부는 '창경궁 복원 계획'을 수립하고 1983년에 130여 종 900여 마리의 동물과 591종 2,177분의 식물을 서울대공원으로 옮겼다. 같은 해에 '창경궁'으로 이름을 복원하였으며, 1984년부터 1986년까지 중건 사업을 진행했다. 일제가 훼손한 조선 궁궐의 제 모습을 복원해야 한다는 의견을 받아들인 결정이었다.

1983년 동물원이 문을 닫고 과천 서울대공원으로 이전하기로 했을 때 사람들의 반응은 좀 의외였다. 당시 창경원 폐쇄 소식을 보도했던 경향신문 기사는 창경원이 폐쇄되고 궁궐로 복원된다는 발표에 대해 "만

창경원 벚꽃놀이를 즐기기 위해 몰려든 사람들과 창경원 벚꽃놀이를 즐기는 사람들. 1970년대 사진.

인의 도심 속 고향을 잃었다."는 표현으로 폐쇄 결정에 대해 부정적인 소제목을 뽑았다. 우스운 이야기이지만 당시 초등학생이던 나 역시 창경원 폐쇄 결정에 좀 섭섭했던 것은 사실인 듯하다.

창경원이 창경궁으로 복원되면서 사라진 또 하나의 풍경은 벚꽃놀이다. 지금은 사라진 풍경이지만 창경원의 벚꽃 구경도 꽤 대단한 인기가 있었다. 해마다 벚꽃이 필 때면, 창경원으로 몰려든 시민들은 그야말로 인산인해였다. 창경원 벚꽃놀이는 서울 시민뿐만 아니라 지방에서도 올라올 정도였고, 입장객이 얼마나 많았던지 출입문으로 들어가지 못해 담을 넘어 입장하는 사람들이 부지기수였을 만큼 인기가 있었다.

그러나 동물원이 폐쇄되고 궁궐로 복원하는 과정에서 벚꽃은 일본을 상징하는 꽃이란 이유로 잘려 나가거나 여의도의 윤중로로 옮겨지면서 시대의 뒤안길로 사라졌다.

〈창경원 동물가족 강북 마지막 생일〉, 경향신문(1982. 10. 28)

그래도 창경궁에 남은 일제의 잔재들

일제 강점기에 창경궁은 다른 어떤 궁보다 큰 수난을 겪었다. 1907년 이후 일제는 순종을 위로한다는 미명 하에 창경궁에 동물원과 식물원을 만들면서 많은 건물을 헐어 버렸고, 이름도 '창경원'으로 고쳤다. 뿐만 아니라 1909년부터 동·식물원을 일반인에게 공개하여 궁궐을 위락시설로 변질시켰다. 일제 강점기 때 시작한 야간 벚꽃놀이는 6·25 전쟁으로 잠깐 중단되었다가 1952년 4월부터 1980년대 초반까지 다시 열렸다. 놀라운 것은 일제의 궁궐 훼손 정책에 의한 동물원 설치나 벚꽃놀이는 대중들의 인기를 얻었고, 1983년 당시 동물원이 폐쇄되고 벚꽃놀이가 사라질 때 오히려 많은 사람들이 불만을 터뜨렸다는 것이다.

창경원이 창경궁으로 탈바꿈하기는 했지만 아직도 창경궁은 완전히 복원되지 못했다. 창경궁의 연못 춘당지는 전형적인 일본식 연못으로 조성되었고, 1909년에 설치된 식물원은 여전히 자리를 지키고 있다. 동물원이 폐쇄되었다면 당연히 식물원도 폐쇄해야 하는 것 아닌가 생각해 보지만 곧장 "그것도 소중한 우리의 역사이다. 무턱대고 철거를 주장하는 것은 바람직하지 않다."는 야단을 맞을 듯해서 말을 붙여 보기조차 두려운 심정이다.

창경궁 대온실. 1909년에 건립한 국내 최초의 서양식 온실로 철골 구조와 유리, 목재가 혼합된 건축물이다. 창경궁 식물원은 일제가 순종을 창덕궁에 유폐시킨 뒤 왕을 위로한다는 명목으로 동물원과 함께 지은 것이다. 일본 황실 식물원 책임자였던 후쿠와가 1907년 설계하고 프랑스 회사에서 시공했는데 당시에는 동양 최대 규모였다. 처음에는 대온실 후면에 원형 평면의 돔식 온실 2개를 서로 마주 보게 세웠으나 후에 돔식 온실 2개는 철거하여 현재 대온실만 남아 있다 (두산백과에서 인용).

시대의 추억을 담고 있는 창경원, 그러나……

누구에게나 유년 시절이나 청춘 시절의 기억이 서린 장소는 소중한 느낌을 준다. 창경궁을 거닐다 보면 옛날 부모님의 손을 잡고 여기저기 기웃거리며 동물들을 구경하던 즐거운 추억이 떠오른다. 가족들끼리 도시락을 싸 가지고 벚꽃 비를 맞으며 노닐었던 화창한 봄날의 아름다움은 아무리 시간이 지나도 지울 수 없는 뭉클한 순간이었다고 생각한다.

일본이 민족 의식을 마비시키기 위해 조성한 동물원에서 가족들과 즐거운 한때를 보내고, 동물원을 폐쇄하고 궁궐로 복원하는 사업 진행을 반대했던 사람들을 '민족 의식이 부족'하다고 비판할 수는 없다. 대부분의 사람이 어린 시절 다녔던 학교가 변하지 않았으면 하고 바라는 것처럼, 우리는 자신이 살았던 어떤 시대의 어떤 장소가 변하지 않고 보존되어 있기를 바라곤 한다. 창경원도 어쩌면 그런 것일지도 모른다. 복원된 궁궐보다 일제가 만든 동물원이, 그리고 그곳에서 어린 시절에 보았던 호랑이와 코끼리가 사람들에게는 행복했던 지난날을 일깨우는 의미 있는 장소였을지도 모른다.

일제의 의도가 어쨌든 창경원과 벚꽃놀이는 한 개인에게 잊혀지지 않는 기억들이다. 일제 강점기 36년도 우리들에게 그런 것들을 남겼을 것이다. 그 시기 동안 한 개인의 인생이 흘러갔을 것이고, 그때의 기억을 일본의 문화로 세뇌시키고, 자국의 문화를 서서히 희석시켜 버리는 무서운 음모에 마음이 씁쓸할 뿐이다.

동물이 무슨 죄며, 나무가 무슨 죄일 것인가? 일제가 우리에게 남겨 놓은 일제 잔재라는 코드는 하나하나를 베어갈 때마다 상처를 남기는 일이었음을 창경궁에서 느끼곤 한다. 솔직히 말하자면 나도 창경원이 가끔씩 그리워 질 때가 있다. 그만큼 일제 잔재를 청산하는 일은 지난(至難)한 길이다.

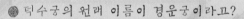

◉ 덕수궁의 원래 이름이 경운궁이라고?
◉ 대안문은 왜 대한문으로 바뀌었는가?
◉ 망국의 운명처럼 이리저리 떠도는 광명문?

덕수궁

사적 124호 덕수궁(德壽宮) 전경.

덕수궁의
원래 이름이
경운궁이라고?

덕수궁(德壽宮)의 원래 이름은 경운궁(慶運宮)이었다. 광해군 이후 경운궁으로 계속 불리다가, 고종 황제가 1907년 일제의 강압에 의해 황위를 순종 황제에게 물려준 뒤 이곳에 머물면서 덕수궁으로 고쳐 부르게 되었다. 고종의 장수를 빈다는 뜻에서였다.

조선의 아픈 역사를 간직한 덕수궁

덕수궁 자리에는 조선 9대 임금인 성종의 형, 월산대군의 집이 있었다. 임진왜란이 끝나고 한양으로 돌아온 선조는 궁궐이 모두 불에 타고 없자 임시로 월산대군의 집을 거처로 정하고 선조 26년(1593)부터 궁으로 사용하기 시작했다.

선조는 1608년 2월 이곳 침전에서 승하했고, 광해군은 행궁의 서청에서 즉위했다. 광해군은 즉위 직후 잠시 창덕궁으로 거처를 옮겼으나 즉위 3년인 1611년 행궁을 경운궁으로 고쳐 부르게 하고, 경운궁으로 돌아와 왕궁으로 사용하였다. 광해군이 1615년 다시 창덕궁으로 옮기면서 이곳에 선조의 계비인 인목대비만 거처하게 하였다. 그러다가 1618년 광해군이 인목대비의 존호를 폐지하고 유폐시키면서 경운궁을 서궁이라 낮추어 부르기도 하였다.

1623년 반정이 일어나자 인목대비의 명으로 광해군이 폐위되고, 선조의 손자인 능양군(綾陽君)이 경운궁의 즉조당(卽祚堂)에서 즉위하였는데, 그가 바로 인조이다. 인조는 즉위 원년인 1623년 7월에 선조가 거처하던 침전인 즉조당과 석어당(昔御堂)만 제외하고 경운궁을 월산대군 집안에 돌려 주었다. 이때까지 경운궁은 다른 궁궐에 비해 규모를 제대로 갖춘 궁궐은 아니었다.

그러다가 경운궁이 다시 역사의 중심으로 떠오른 것은 1897년(건양 2) 2월 20일 고종이 러시아 공사관에서 이곳으로 옮겨 오면서부터이다. 고종이 이곳을 궁궐로 정한 이면에는 주위에 러시아·영국·미국 등 강대국의 공사관이 있어 무슨 일이 생기면 즉시 보호를 요청하기 쉬운 곳이라는 고려가 있었을 것으로 추정한다. 실제로 1981년 발굴 조사에 의하면 러시아 공사관의 종탑 밑에는 밀실(密室)과 비밀 통로가 있었고, 이것이 덕수궁까지 연결되었다고 한다.

고종은 이곳에서 대한제국을 선포하고 황제에 즉위했다. 경운궁은 대한제국의 정궁(正宮)이 되었으며, 연호를 광무(光武)라 하였다. 근대화와 자주 독립 국가를 위한 '광무개혁'은 경운궁을 무대로 펼쳐진 대한제국의 마지막 몸부림이었다.

경운궁인가, 덕수궁인가?

2012년 11월 2일 덕수궁(德壽宮)의 명칭 검토를 위한 공청회가 국립고궁박물관에서 열렸다. "덕수궁의 본래 이름인 경운궁 명칭을 회복해야 한다."는 민원으로부터 출발한 이 공청회에서는 덕수궁이 일제 침략의 잔재이므로 경운궁으로 되돌려야 한다는 주장이 힘을 얻기도 했다. 그러나 공청회에서는 경운궁으로 명칭을 환원하자는 주장과 덕수궁으로 유지해야 한다는 주장이 팽팽하게 맞섰다.

이날 공청회에서 이민원(원광대) 교수는 "일본이 광무황제를 강제로 퇴위시킨 것은 사실이지만 태황제 고종의 궁호를 '덕수'로 정한 것은 일본이 아닌 순종과 대신들인 것으로 보는 것이 합당하다."고 주장했다. 또 "경운궁으로 불린 기간이 300년이라고 하지만, 사실상 왕궁으

로 기능하고 지칭된 기간은 임진왜란 이후 광해군 재위까지 약 30년간 (1594~1623)과 고종 당시의 약 10년(1897~1907)으로 40년 내외"라며 "지난 100여년간 덕수궁으로 불린 기간이 더 길다."고 했다.

이에 반해 홍순민(명지대) 교수는 "(경운궁) 공간의 의미는 태황제 고종의 거처가 아닌 대한제국 광무 연간의 궁궐이었다는 점이다. 이곳을 대한제국 광무 연간의 궁궐로 본다면 마땅히 경운궁으로 불러야 한다."고 주장했다. 또 그는 "경운궁이라는 이름을 회복하면 대한제국 광무 연간의 역사, 외세에 둘러싸여 압박을 받으며 나름대로 그것을 물리치려 전력을 다하던 고종과 그 시대 사람들, 그들의 삶을 그려 보려는 시도를 하게 된다."고 주장했다. 또 "덕수궁은 고종 사후 궁역이 잘려 나가고 본래의 건물들은 헐려 없어지고 이질적인 서양 건물들이 들어서 본 모습을 거의 찾기 어렵게 왜곡・훼손되고 변형됐다. 덕수궁이라는 이름을 쓰는한 나라를 빼앗긴 황제의 울분, 망국의 역사, 광복 이후 무원칙하고 무능한 문화 유산 관리 정책만을 되새길 수밖에 없다."며 경운궁으로 이름을바꿔야 한다고 주장했다.

문화재청은 공청회 결과를 토대로 2011년 12월 14일 문화재위원회를 열어, '덕수궁 명칭 변경'을 심의했지만, 심의 결과 문화재위원회 사적분과위원회는 "경운궁으로 명칭을 변경해야 할 이유가 충분하지 못하고, 그에 대한 반대 의견도 많은 만큼 명칭 변경 안건 심의 자체를 보류"하기로 결정했다.

이러한 문화재위원회의 결정은 사안을 냉정하게 직면하고 싶지 않아 '해결하지 않는 것으로 해결'하는 식의 현상 유지 결정이었다. 그렇다면 명칭 변경 논의는 불씨가 살아 있는 여전히 유효한 논란이며, 좀 더 냉철한 안목으로 정리가 필요한 사항이지 않을까?

덕수궁은 일제의 강압에 의해 사용된 이름이다?

덕수궁이란 이름이 과연 일제의 강압에 의해 사용된 용어인가는 확인이 필요한 사항이었다. 《조선왕조실록》을 검색해 보면 덕수궁이란 용어가 몇 차례 등장한다. 첫 번째 등장하는 것은 조선 태조의 궁궐을 덕수궁이라고 불렀다는 것이다.

> 태상궁(太上宮)의 호(號)를 세워 '덕수궁(德壽宮)'이라 하고, 부(府)를 '승녕부(承寧府)'라 하였다.
>
> － 정종 2년(1400년) 6월 1일

> 태상왕(太上王)이 사신을 덕수궁(德壽宮)에서 맞이하여 잔치를 베풀었다.
>
> － 태종 1년(1401년) 2월 9일

> 대행왕(大行王)이 덕수궁(德壽宮), 인덕궁(仁德宮) 양궁을 한 곳에 모아서 모시고자 하였으니, 지금 한 곳에 모으는 것이 어떠하겠는가?
>
> － 문종 즉위년(1450년) 4월 6일

그렇다면 이 논란의 출발점으로 되돌아가서 "덕수궁이란 용어는 일제 잔재이므로 변경되어야 한다."는 주장은 맞지 않는 듯하다. 조선왕조실록에 등장하는 덕수궁이란 용어는 역사적 전례가 있다는 반증이고, 따라서 경운궁의 궁호를 덕수궁이라고 변경 결정한 것은 순종과 대신들이었지 일제에 의한 강압으로 그렇게 된 것은 아닌 것으로 보이기 때문이다. 그렇다고 해서 덕수궁을 경운궁으로 바꿔야 한다는 주장이 전적으로 틀렸다는 것은 아니다. 오히려 덕수궁이 조선 태조부터 순종까지 수차례 등장한 다는 것은 새로운 논점을 제공한다. 어쩌면 덕수궁이 '특정한 궁궐'을 지칭하는 고유명사가 아닌, 상왕의 궁궐을 지칭하는 '일반적 호칭'일 가능성이 발견된 것이다. 이런 의혹은 순종이 덕수궁이란 호칭을 상왕의 궁궐을 일반적으로 호칭하는 용어로 인식하고 있다는 점에서 확인된다.

태황제(太皇帝)의 하교(下敎)를 받들어 덕수궁(德壽宮)을 안국동(安國洞)에 영건(營建)하라.

- 순종 즉위년(1907년) 11월 14일

순종은 처음에 고종의 거처(덕수궁)를 안국동에 마련하려고 했던 듯하다. 그러나 여건상 덕수궁을 안국동에 마련하는 것은 무산되고, 고종은 계속 경운궁에 머물게 되었으므로 1907년 경운궁이 덕수궁으로 변경된 것으로 보인다. 이때부터 경운궁이란 용어는 사라졌는데, 뜻밖에 고종이 세상을 떠난 뒤 지어진 행장과 책문에 다시 등장하고 있다.

呼慟哉! 旻天疾威, 我壽康大王, 以戊午十二月二十日卯時, 禮陟于慶運宮之咸

寧殿, 壽六十七有七。越七日, 大小臣隣考功象行。議上諡曰'文憲武章仁翼貞孝',

廟號曰高宗

오호 통재라. 높은 하늘이 슬픔을 주시어 우리 수강대왕(壽康大王)께서

무오년(1918) 12월 20일 묘시(卯時)에 경운궁(慶運宮)의 함녕전(咸寧殿)에서

돌아가시니 나이 67세에 7일이 넘으셨다. 대소 신하와 인척들이 그 공덕

을 살피고 행적을 드러내어 의논하여 시호를 올리기를, '문헌 무장 인익

정효(文憲武章仁翼貞孝)'라 하고 묘호(廟號)를 '고종(高宗)'이라 하였다.

- 순종부록, 고종 행장, 1919. 3. 4

고종의 장례식을 치르면서 지어진 책문(冊文)과 행장은 모두 덕수궁을

'경운궁'이라고 표기하고 있다. 신하들이 고종의 행장을 지으면서 '덕수

궁 함녕전'에서 돌아가셨다고 하지 않고, '경운궁 함녕전'에서 돌아가셨

다고 한 이유는 무엇일까? 당시의 신하들도 혹시 덕수궁은 궁궐의 정식

덕수궁 함녕전. 1919년 1월 21일 고종이 이곳에서 세상을 떠났다.

명칭이 될 수 없다고 생각하여 경운궁이란 용어를 고집한 것은 아니었을까? 이런 입장에서 이태진 국사편찬위원장의 발언은 주목을 요한다.

> 덕수궁은 태상왕, 상왕의 존재 여부에 따라 등장했다가 없어졌다. 태황제, 태왕으로서 기거하던 고종 황제가 1919년 1월에 승하한 뒤 덕수궁으로 불릴 이유가 없었다. 왕이 기거하는 궁의 자격을 잃어 1932년 10월 1일 미술관으로 일반 공개될 때까지 폐쇄된 상태였다. 조선, 대한제국의 관례에 비추면 덕수궁은 이태왕 훙거 후에는 더 이상 사용되지 말아야 할 궁호이다.
>
> – 이태진 국사편찬위원장의 발언 (2011. 12. 2 공청회)

아직은 낯선 경운궁이란 이름의 운명은?

지난 100년 동안 덕수궁이란 이름으로 친숙해진 우리에게 경운궁이란 이름은 낯설기까지 하다. 친숙한 이름이 잘못되었으니 낯선 이름으로 바꾸자는 논의는 그다지 달갑지 않고 혼란스럽기도 하다. 2011년 문화재위원회의 '변경 보류 결정'을 마지막으로 덕수궁이 경운궁으로 다시 환원될 기회는 최종적으로 사라져 버렸는지도 모를 일이었다.

그러나 대한제국 광무 10년간 유일한 궁궐이었던 경운궁이란 이름을 들으면 뭔가 뭉클한 느낌을 지울 수가 없다. 구한말 밀려드는 외세로부터 살아남으려고 애쓰던 민족 지사들의 외침과 '애국 계몽기의 역동성'이 느껴지기 때문이다.

경운궁 현판. 1905년 고종이 직접 쓴 글씨로, 국립고궁박물관에 소장되어 있다.

조선의 궁궐들의 이름은 나름대로 이름에 통일성이 있었다. 법궁으로서의 경복궁과 서궐 경희궁, 동궐로는 창덕궁, 창경궁이 있었다. 그런 선상에서 이해할 때, 경운궁 아닌 덕수궁이란 이름은 대한제국의 법궁으로 명명되기에는 뭔가 부족한 느낌을 주는 것이 사실인 듯하다.

언젠가 시간이 흐르고 또 흘러 덕수궁이 경운궁이란 이름으로 바뀔 날이 올 수 있을까?

냉철하고 합리적인 눈으로 사실을 규명해 줄 용기 있는 사람들을 생각하며 곰곰이 뒷날을 기약해 본다.

대안문은 왜
대한문으로
바뀌었는가?

1904년에 고종이 거처하던 경운궁에 원인 모를 화재가 발생했다. 이 화재로 인해 중화전을 비롯한 많은 전각들이 소실되었고, 그 후 전각을 다시 짓는 공사가 시작되었다. 그러나 1906년 경운궁의 중건 과정에서 정문인 '대안문' 현판이 '대한문'으로 바뀌는 일이 발생했다. 정작 화재로 인해 특별한 손상이 없었던 대안문의 이름이 '대한문'으로 바뀌자 이를 둘러싼 흉흉한 소문이 떠돌기 시작했다.

대안문은 왜 대한문으로 바뀌었을까?

어떤 사람은 이토 히로부미가 고종 황제를 빗대어 '큰 도둑놈[大漢]이 드나드는 문'이라는 뜻으로 그렇게 고쳤다고 하고, 또 당시 이토 히로부미의 수양딸이라며 권세를 부리던 배정자(裵貞子)가 궁궐을 들락거리는 꼴이 상서롭지 못하다 하여 '갓을 쓴 여자'를 뜻하는 '안(安)'에서 남자를 뜻하는 글자 '한(漢)'으로 바꿨다고도 한다.

19세기 대한문 모습. 대안문(大安門)이라는 현판이 뚜렷하다.

황현의 《매천야록》에는 당시 현판 변경과 관련된 소문을 다음과 같이
남겨 놓고 있다.

　　대안문은 대한문으로 개칭되었다. 이 문은 경운궁의 정문이다. 이때
전 비서승 유시만이란 사람은 겸암 유운룡의 사손으로, 그는 유운룡의
비결을 얻어 300년이나 된 묘소를 이장한다고 하면서, 또 허위첨서를
조작하여 남모르게 옛 광내에다 묻어 놓았다가, 그것을 파버어 은밀히
고종에게 바치었다. 그 첨서를 대충 말한다면 대안문을 대한문으로 고
치고 안동의 신양면으로 천도를 하면 국운이 연장된다고 하였다. 고종
은 이 말에 현혹되어 꿈에 그런 징조가 있었다고 말하고, 즉시 그 대안
문의 이름을 바꾸고 또 많은 금전을 유시만에게 주어 행궁을 지으라고

태평로 도로 확장 공사로 인해 덕수궁 담장이 헐렸던 시절의 대한문(1968). 대한문만이 섬처럼 도로 한복판에 남아 있다. 후에 현재의 위치로 뒤로 물러나서 이전되었다.

하였다. 이에 유시만은 그 돈을 자루에 담아 가지고 와 졸부가 되었으나 고종은 그것을 불문에 부쳤다.

- 〈광무 10년(1906) 대안문개칭〉, 《(국역)매천야록》 제5권

《매천야록》의 기록은 현판 변경이 도참사상의 결과물인 것처럼 쓰고 있는데, 이는 사실 여부를 떠나 당시 대안문이 대한문으로 변경된 데 따른 많은 흉흉한 소문이 있었다는 것을 잘 보여 주는 예라고 할 수 있다. 당시 사람들은 이토 히로부미가 조선에 건너오고 얼마 되지 않아 대한문으로 변경된 사실에 우려의 눈길을 보냈던 듯하다. 반면에 조선총독부 편집과장을 거쳐 경성제국대학교 교수를 지낸 오다 세이고[小田省吾]는 당시의 풍문과는 전혀 다르게 대안문의 명칭 변경이 중화주의의 소

산이 아닐까 하는 생각을 밝혔다.

생각컨대 당시 한국은 이미 지나(支那)와의 종속 관계를 탈피했고 새롭게 도약하는 제국이 되어 바로 한실(漢室)의 흥륭을 자임하고 있었다. 그 점은 황제 즉위의 조칙 가운데 '주왕이 일어나서 예가 시작되매 성강지세(成康之世)가 정해졌고, 한제가 창업하여 그 터를 닦으매 문경지년(文景之年)으로 칭하여 졌도다.'라고 한 데서도 알 수 있다. 그리하여 '대한'의 두 글자가 본문(本門)의 명칭으로 채택된 것이 아닌가 하고 여겨진다.

　　　　　　　　　　　　　　　　　- 오타쇼고[小田省吾],《덕수궁사》, 1938(이왕직)

대안문인가? 대한문인가?

문화재청은 2004년 덕수궁 복원 계획을 발표했다. 이 계획에 따르면 덕수궁은 2004년 6월부터 2008년까지 총 3백억 원이 투입되며, 우선 대한문을 공사하게 되어 있었다. 당시 대한문은 1968년 태평로 도로 확장 공사를 하면서 원래 위치보다 약 22m 안쪽으로 옮겨져 있었다. 뿐만 아니라 1968년 이전된 이후부터 문이 뒤틀리고 기와도 낡아 물이 새기 시작해 우선적으로 대한문을 공사한다는 것이었다. 이런 계획이 발표되자 잠잠해졌던 대한문과 대안문 논란이 다시 시작되었다. 덕수궁 제자리 찾기를 위해 대한문은 대안문으로 대체되어야 한다는 주장이었다.

그러나 한영우 특임교수(한림대)는 한 신문과의 인터뷰를 통해 고종의 명으로 1906년에 쓰인 〈경운궁 중건 도감 의궤(慶運宮重建都鑑儀軌)〉의 기록을 근거로 이 같은 억측들을 일소했다. 여기에는 이근명이 지은 상량문이 수록되어 있는데, 대한문의 의미를 다음과 같이 풀어내고 있다는 것이다.

황제는 천명을 받아 유신(維新)을 도모하여 법전(法典)인 중화전(中和殿)에 나아가시고, 다시 대한정문(大漢正門)을 세우셨다. 대한(大漢은 소한(小漢)과 운한(雲漢)의 뜻을 취한 것이니, 덕이 호창에 합하고 무지개가 구름 사이에 나온다. 대한문의 동쪽은 아침햇살이 처마 위를 청홍으로 물들인다. 대한문의 북쪽은 솟아오른 삼봉산(三峰山)이 수색(秀色)을 보내고, 대한문 아래는 마을이 천문(天門)을 열고 사야(四野)로 뻗었다.

여기에 나오는 '소한'이니 '운한'이니 하는 것이 모두 '하늘'의 의미라 하였으니, 대한은 결국 '큰 하늘'이라는 뜻을 담은 것이라는 것이다. 그는 덧붙여 "하늘에 제를 올리는 일은 황제만이 할 수 있다."며 "대한문은 본디 고종이 황제에 즉위하며 하늘을 향해 제를 올렸던 환구단을 향하고 있었기에 큰 하늘을 떠받든다는 뜻으로 이름을 바꾼 것"이라고 설명했다.

오늘 다시 대한문 앞에 서서

대안문과 대한문을 둘러싼 논란은 일제 강점기를 겪으면서 느꼈던 민중들의 분노를 담은 이야기였을 거란 생각이 든다. 하필이면 편안할 '안(安)' 자가 '한(漢)' 자로 바뀌어 버린 경운궁의 정문을 보면서 사람들은 부

의정부 참찬 민병석의 글씨인 '대안문'의 편액(위 사진)은 1899년 3월에 처음 내걸렸다. 지금 이 편액은 궁중유물전시관의 소장품(유물번호 674)으로 그대로 보관되어 있다. 현재의 대한문에 매달린 편액(아래 사진)은 궁내부 특진관 남정철의 글씨이다.

지불식간에 망국의 조짐을 느꼈던 것은 아니었을까? 또한 중국 중심의 사대사상에서 벗어나겠다고 대한제국을 선포한 마당에 다시 대한제국 법궁의 정문에 '대한(大韓)'이 아닌 '대한(大漢)'이란 중화주의적 표현을 쓴 것에 대한 비아냥이 여러 소문을 만들어 냈을 것이다. 한(漢)이 하늘의 의미를 나타내는 것이라고 하지만 보통의 민중들에게 한(漢)은 여전히 중국을 의미한다고 받아들여졌을 듯하다.

그런데 문득 '한강(漢江)'에는 왜 중국을 의미하는 '한(漢)'이란 글자가 들어가게 된 것일까 하는 의문이 든다. '한'이란 '크다'라는 우리말일 것이고, 한강의 '한(漢)'은 단순히 발음을 빌려온 가차(假借) 문자에 불과할 텐데, 굳이 한강(韓江)이 아닌 한강(漢江)이라는 표기를 쓰고 있는 이유는 무엇일까? 우리도 모르는 사이에 중화주의에 빠져 습관적으로 사용하고 있는 것인지, 한강(漢江)의 한(漢)도 하늘을 의미하는 글자여서인지 알 수 없다. 그래서인지 대한문 앞을 지날 때마다 기분이 썩 좋지 않다.

광명문은 원래 함녕전의 정문이었으나 1938년 철거되어 현재 위치로 옮겨졌다.
1938년 이왕가박물관이 덕수궁으로 이사오면서 제자리를 잃고
현재의 위치에 자리잡은 후 자격루와 흥천사 종, 신기전의 보호각 역할을 하고 있다.

망국의 운명처럼
이리저리 떠도는
광명문

덕수궁 정전인 중화전을 나와 석조전 쪽으로 걸어가다 보면 궁궐 출입문의 기능을 상실한 채 초라하고 어색하게 비켜나 있는 광명문을 만날 수 있다. 광명문은 고종의 침전이었던 함녕전의 출입문으로, 1919년 함녕전에서 승하한 고종은 생전 드나들었던 이 문을 통해 다시 올 수 없는 피안의 세계로 갔다.

망국의 운명처럼 버려진 광명문

고종이 승하하고 순종마저 세상을 뜬 뒤 주인 없는 상태로 놓여져 버린 덕수궁은 일제에 의해 본격적인 훼손이 시작되었다. 1930년대 초반 촬영된 것으로 보이는, 옆 건물이 완전히 뜯겨져 나가고 덩그러니 혼자 남아 있는 광명문 사진에서 나라 잃은 망국의 슬픔이 느껴진다. 그 운명처럼 결국 광명문은 제자리를 잃고, 1938년 이왕가박물관이 창경궁에서 덕수궁으로 이사오면서 현재의 위치에 자리 잡게 되었다.

광명문은 고종의 침전이었던 함녕전의 출입문이었다. 고종의 장례식(1919) 때 상여가 광명문을 빠져 나오고 있다(왼쪽 사진). 오른쪽 사진은 1930년대 촬영된 것으로 보이는 광명문. 이 때까지만 해도 광명문은 제자리를 지키고 있었던 것으로 보인다.

제자리를 찾지 못하고 떠도는 자격루와 흥천사종

광명문은 현재 본래 자신의 자리에서 옮겨져 자격루(국보 229호)와 흥천사종(보물 1460호)의 보호각 역할을 하고 있다. 광명문으로 이전된 자격루와 흥천사종의 운명 또한 광명문처럼 기구하기는 마찬가지이다. 자격루는 조선 세종 16년(1434) 장영실에 의해 처음 제작되었으나, 지금의 자격루는 중종 31년(1536)에 다시 제작한 것의 일부이다. 중종 31년 창경궁에 설치되었던 자격루는 1865년 경복궁 중건 이후 경복궁으로 옮겨졌으며, 1895년까지 표준 시계로 사용됐다. 그러나 일제 강점기 창경궁에 이왕가박물관을 만들면서 다시 창경궁으로 이전되었다가, 1938년에는 이왕가박물관이 이사오면서 덕수궁으로 옮겨졌다.

흥천사 종은 1462년(세조 8)에 태종의 둘째 아들인 효령대군(孝寧大

君) 이보(李補) 등 왕실의 발원(發願)으로 각 분야의 관장(官匠)들이 참여해 만들었다. 처음에는 태조(太組)이성계의 둘째 부인인 신덕왕후 강씨의 원찰(願刹)로 세워진 홍천사(興天寺)에 있었으나, 홍천사가 1504년(연산군 10)과 1510년(중종 5)에 화재로 완전히 소실된 후 1747년(영조 23)에 경복궁의 남문(南門)인 광화문(光化門)의 누상(樓上)으로 옮겨졌다. 그 후 1907년(순종 1)에는 일제가 창경궁(昌慶宮)의 정전(正殿)인 명정전(明政殿)으로 옮겼다. 그리고 1938년 이왕가박물관(李王家博物館)이 창경궁에서 덕수궁으로 이사했을 때 현재의 위치인 덕수궁 광명문(光明門)으로 옮겨졌다.

덕수궁미술관이 된 이왕가박물관

광복 이후 덕수궁의 이왕가박물관은 '덕수궁미술관'으로 개칭되었다. 그러다가 1969년 국립중앙박물관에 흡수되면서 사라졌다. 따라서 이왕가박물관의 수장품들은 국립중앙박물관으로 일괄 귀속된다. 그리고 얼마 후 1972년 경복궁(景福宮) 내에 신축된 국립중앙박물관이 통째로 이사를 가 버렸으니, 덕수궁과 이왕가박물관의 결코 짧지 않았던 인연은 그것으로 일단락되었던 셈이다.

그런데 이왕가박물관이 국립중앙박물관으로 통합되는 과정에서 유독 자격루와 홍천사 종만은 박물관으로 가지 못하고 덕수궁에 계속 남아 있게 되었다. 무슨 이유일까? 아직 정확한 이유는 밝혀지지 않았지만, 아마도 궁궐을 관장하는 문화재청과 이왕가박물관을 흡수한 국립

이왕가박물관(위 사진)과 그곳에 있었던 자격루(아래 왼쪽 사진). 자격루(국보 229호)는 정해진 시간에 종과 징과 북이 저절로 울리도록 한 물시계로, 현재는 광명문 안에 위치해 있다. 아래 오른쪽 사진은 보물 1750호 흥천사 종으로, 원래 바닥에 놓여져 있던 것을 6·25 전쟁 때 미군이 매달아 놓았다고 한다. 돌 위에 얹혀 있는 것이 특이하다.

중앙박물관의 이원적 관리 체계 때문인 것으로 보인다.

신기전(복원품)

조선 궁궐과 이왕가박물관의 오랜 악연이 끝난 지 50년 가까운 세월이 흘렀건만, 아직도 흥천사 종과 자격루는 악연의 사슬에 매어 헤어나지 못하고 있다. 쥐 구멍에도 볕들 날이 있다고 하는데, 엉뚱한 자리에 놓여 기약 없이 볕들 날만을 기다리는 광명문은 동병상련의 유물들과 함께 언제나 서글픈 세월을 끝내게 될까?

1992년에 촬영된 광명문(아래 사진)과 신기전(위쪽 사진). 1992년 촬영된 광명문 사진에는 신기전이 전시되어 있지 않은 것으로 보아 광명문 안에 신기전이 옮겨진 것은 비교적 최근의 일로 보인다. 현재 광명문에는 자격루, 흥천사 종과 함께 신기전이 전시되어 있다. 신기전은 1448년(세종 30년) 제작된 병기(兵器)로서 고려 말기에 최무선(崔茂宣)이 화약국에서 제조한 로켓형 화기(火器)인 주화(走火)를 개량한 것이다. 그런데 광명문 안에 전시된 이 신기전은 조선 시대의 실제 유물이 아니라, 1993년 대전 엑스포 개관에 맞추어 만들어진 여러 대의 복원품 가운데 하나라고 한다. 그렇다면 문화재청은 관람자들이 진품으로 오인하지 않도록 신기전이 복원품이라는 사실을 명기하는 것이 맞다고 생각한다(소요당 진성거사 블로그에서 인용).

왕권의 상징인 정(鼎)은 법궁에만 있었다

눈이 번쩍 뜨이는 기사를 하나 보게 되었다. 덕수궁 중화전에 서 있던 청동제 정형향로(鼎形香爐) 두 개 중 한 개의 뚜껑을 찾았다는 내용이었다.

문화재청 국립고궁박물관(관장 정종수)은 2010년 3월 22일 "지난해 박물관 수장고에서 향로 뚜껑 1개를 찾은 뒤 조각 수법과 과거 사진 등을 조사한 결과 덕수궁 중화전 향로의 뚜껑임이 확인됐다."며 "앞으로 중화전 향로 복원을 위한 귀중한 자료로 활용할 계획"이라고 밝혔다.〈덕수궁 청동향로 '뚜껑' 찾았다〉, 문화일보(2010. 3. 22)

문화재청은 이것을 '정형향로'라고 표기했지만, 실상 이것은 향로라고 하기보다는 정(鼎)이라고 불리는 의식용 청동기로 보인다.

정형향로(鼎形香爐)인가, 정(鼎)인가?

정(鼎)은 왕권의 상징물로 고대 중국의 고사에서 비롯됐다. 중국 하나라 때에 순임금과 우임금의 덕망을 빛내고자 아홉 주의 제후들이 자신들의 주의 쇠를 모아 황제에게 아홉 개의 정을 만들어 바쳤다는 고사가 있는데, 이때 아홉 개의 정이란 뜻의 '구정(九鼎)'은 왕권을 상징하는 물건으로 자리잡게 된다. 따라서 정(鼎)은 조선 시대의 모든 궁궐에 있었던 것이 아니라 법궁(法宮, 임금이 주로 거처하고 공식 활동을 하던 궁궐)인 경복궁 근정전과 대한제국의 법궁인 덕수궁 중화전에만 설치되어 있던 것으로 파악되고 있다.

오쿠라 슈코칸에 있는 정(鼎)

이 기사를 읽으면서 나는 순간적으로 자선당 사진을 생각했다. 경복궁에서 오쿠라 호텔로 옮겨진 자선당 건물 사진에서 바로 이 정을 봤던 기억이 떠오른 것이었다. 확인해 보니 자선당이 오쿠라 슈코칸의 조선 유물 전시관(조선관)으로 사용된 시절에 촬영한 사진에 바로 이 정(鼎)이 4개나 전시되어

덕수궁 중화전 향로(왼쪽 사진)와 뚜껑을
닫은 덕수궁 중화전 향로(오른쪽 사진).

있는 것을 알 수 있었다. 오쿠라 슈코칸의 조선관은 조선 유물을 전시하기 위한 공간으로 사용되었던 만큼, 조선관 앞에 진열된 물건은 아마도 조선에서 가져온 문화재였으리라는 것을 충분히 짐작할 수 있는 일이었다.

일제 강점기에 촬영된 자선당 사진에서 조선 시대 향로의 흔적을 발견한 것은 일대 수확이라 아니할 수 없다. 과연 이 부분은 추후 오쿠라 슈코칸 측에 질의해서, 과연 사진 속의 정형향로가 조선 궁궐에서 가져온 것이 맞는지 그리고 현재 어떻게 보관되어 있는지 확인해 보아야 할 것이다.

일제 강점기에 촬영된 경복궁 자선당.
사진에서 정형향로 4개를 확인할 수 있다.

에
필
로
그

불가능해 보였던 '작전명 응답하라 오바마 - 왕의 귀환편'에 대해 그동
안 지지와 성원을 보내주셨던 많은 분들께 진실로 감사의 인사를 전합
니다. 여러분들의 도움이 아니었다면 오바마 대통령의 직접 반환은 한갓
농담으로 끝날 일이었을 겁니다. 모두가 어깨를 걸고 한 걸음씩 더 걸어
가 주었기 때문에 대한제국 국새는 7천만 겨레 모두의 영광이자 제3세계
국가들에게 꿈과 희망을 주는 가장 멋진 '문화재 환수 사례'로 전 세계사
람들에게 남아 있을 것입니다

— 〈성명서〉 대한제국 국새 반환에 즈음하여

1

2014년 1월부터 3월 초순까지 나는 맨해튼에 체류하고 있었다. 미국
국토안전부가 압수 보관 중인 대한제국 국새와 조선 왕실 어보의 반환
문제를 진행하기 위함이었다. 문화재청의 예상에 의하면 2014년 6월경
한국으로 반환될 것이라고 했었다. 2013년 11월 오바마 미국 대통령이
2014년 상반기에 방한한다는 소식을 듣고 나는 미국으로 날아갔다. 오
바마 대통령이 대한제국 국새를 대한민국 대통령에게 직접 전달하는 프

고국으로 돌아온 대한제국 국새와 조선 왕실 인장.

로젝트, '응답하라 오바마 ─ 왕의 귀환편'을 진행하기 위함이었다. 1910
년 대한제국이 일본에 의해 강제 병합 당할 때까지 사용되었던 임금의
도장은 왜 미국까지 흘러들어 온 것이었을까?

1897년 고종은 대한제국을 선포하여 황제로 즉위한 뒤, 황제국의 권
위에 알맞도록 거북이로 만든 손잡이를 용으로 변경함과 동시에 '황제
지보(皇帝之寶)'를 비롯한 국새를 새로 만들어 사용했다. 그리고 이 국새
는 1907년 고종의 뒤를 이어 황제로 즉위한 순종에게 전달되었다. 그러
나 1910년 일본은 대한제국을 강제 병합하고 조선 총독 데라우치는 순

대한제국 황제지보

종이 사용했던 국새를 빼앗아 일본 궁내청, 이른바 천황궁으로 보냈다. 대한제국이 국권을 잃고 일본에 종속되었다는 것을 상징적으로 나타내려는 조치였다.

그렇게 일본에 볼모처럼 잡혀 있던 국새는 광복이 되면서 우리 품으로 돌아왔다.

1946년 8월 15일 맥아더는 광복 1주년 기념식에 미군정청 하지 중장을 통해 '조선의 자주독립을 바라 마지않는다.'는 친서와 동시에 황제지보를 비롯한 대한제국 국새를 돌려 주었다. 그렇게 일본으로부터 37년 만에 되돌아온 국새는 광복과 자주독립의 상징물이었다. 그러나 제자리를 찾은 듯했던 국새는 다시 비운의 운명에 사로잡힌다. 1950년 6·25 전쟁 기간 중 분실되고 만 것이다. 그것도 가장 중요한 두 가지 옥새, 제왕의 권위를 상징하는 '황제지보'와 국가 권력을 상징하는 '대한국새'였다.

2

2010년 메릴랜드에 위치한 미국 국가기록보존소를 방문한 적이 있었다. 거기서 나는 미국 국무부 관리가 작성한 6·25 전쟁 기간 중 서울에서 발생한 '미군의 문화재 절도 사건'에 대한 기록을 찾았다. 〈아델리아홀 레코드〉라고 불리는 이 문서에는 전쟁 기간 중 미군이 종묘와 궁궐에서 '임금의 도장'을 훔쳤고, 한국 정부가 47개의 옥새를 워싱턴의 주미

2013년 9월 LA 카운티 박물관과의 협상 후 혜문 스님과 안민석 의원(새정치민주연합)이 문정왕후 어보 반환 결정을 발표하고 있다. 오른쪽 사진은 문정왕후 어보.

한국 대사관을 통해 분실 신고했다는 내용이 있었다. 이를 근거로 미국 내에 있을 것으로 추정되는 옥새의 흔적들을 조사해 나갈 수 있었다. 그러던 중 LA 카운티 박물관에 조선 8대 임금 중종의 왕비 어보가 보관되어있다는 사실이 확인되었다. 그 때부터 수년 간 나는 문정왕후 어보의 반환을 위해 노력했고, 지난 2013년 9월 박물관 측은 6 · 25 전쟁 당시 분실된 도난품이란 사실을 인정, 한국으로 반환하겠다고 전격 발표를 하기에 이르렀다. 사건은 여기서 끝나지 않았다.

LA 카운티 박물관이 한국으로 조선 왕실의 옥새를 반환하기로 했다는 언론 보도가 나간 뒤, 미국 골동품상이 또 다른 옥새의 행방을 신고했다. 미국 국토안전부는 골동품상의 신고를 받고 LA 인근 샌디에이고의 용의자 집을 수색한 결과 9점의 옥새를 추가로 발견했다. 그중에는 놀랍게도 사라진 대한제국 황제의 옥새 '황제지보'가 있었다. 1946년 맥아더가 광복 1주년을 맞아 한국으로 돌려주었던 바로 그 옥새였다. 미국 국토안전부는 전쟁 당시의 미군 도난품으로 간주, 압수 절차를 진행했고, 문화재청은 2014년 6월경 한국으로 반환될 것으로 예상하고 있었다.

3

인연은 또 다른 인연을 파생시킨다. 육지가 끝난 곳에서 바다가 시작되듯이! 〈아델리아 홀 레코드〉의 발견이 문정왕후 어보를 찾게 했고, 문정왕후 어보는 대한제국 국새를 찾게 한 셈이다. 그 끝이 어디서 종결될지 모르지만, 어느 한 사람의 노력을 넘어서서 움직이는 운명의 장엄한 역동력에 그저 놀랄 뿐이다.

그런 인연의 흐름 속에서 나는 오바마 대통령이 대한제국 국새를 들고 와서 대한민국 대통령과 국민들에게 직접 대한제국 국새를 돌려주기를 희망했다. 6·25 전쟁이 끝난 지 60여 년. 분단과 전쟁의 상처에 신음하던 우리에게 미국 대통령의 대한제국 국새 반환은 희망의 메세지가될 수 있지 않을까? 물론 비판도 만만치 않았다. 사람들은 내게 서슴없이 여러 가지 날카로운 질문을 던지곤 했다.

왜 오바마가 직접 대한제국 국새를 들고 와야 한다고 주장하시죠? 어차피 금년 상반기에 돌려받는 거 아닌가요?

사실 내가 찾고자 했던 것은 국새라는 유형의 물건을 넘어, 지난 시기 우리가 잃어버렸던 민족의 자존심이나 근현대사의 격동기에 상처받은 민족의 혼 같은 것이었다. 오바마 대통령이 대한제국 국새를 직접 돌려준다면 6·25 전쟁의 아픈 기억을 극복하는 역사적 사건이 될 뿐만 아니라, 문화재 반환 운동에 있어서 세계적인 사례가 만들어져 문화재를 빼앗긴 제3세계 국가들에게 희망의 메세지를 줄 수 있는 사건이 되지 않을까?

그런 생각으로 힘겹게 운동을 시작하던 2014년 2월 초, 눈 내린 미국 뉴저지에서 제이크 정 변호사를 만났다. 대한제국 국새 반환 운동을 설명하고 도움을 구하는 자리였다.

오바마 대통령이 직접 국새를 반환하도록 미국 정치인에게 청원서를 전달하고 싶은데 적당한 분이 없을까요? 변호사님이 한 분 소개해 주십시오.

음…… 적당한 사람이라……. 메넨데즈 의원이 좋겠습니다. 뉴저지가 지역구인 의원이고, 연방 상원 외교위원장을 맡고 있습니다. 저와 친한 로스쿨 동기의 아버지이기도 합니다.

제이크 정 변호사와의 면담하는 혜문 스님(왼쪽 사진)과 메넨데즈 의원에게 진정서를 전달하는 제이크 정 변호사와 김정광 원장(오른쪽 사진).

4

밑도 끝도 없는 '응답하라 오바마 ― 왕의 귀환편'은 이렇게 새로운 전기를 맞이하고 있었다. 미국 국토안전부가 압수·보관 중인 대한제국 국새를 미국 대통령이 직접 반환하는 프로젝트가 한 발자국 진전된 순간이었다(제이크 정 변호사는 그로부터 4주 뒤, 메넨데즈 의원과의 면담을 성사시켰고 면담 자리에서 청원서를 전달할 수 있었다. 나아가 메넨데즈 의원은 케리 국무부 장관, 국토안전부 장관, 상원의원 2명에게도 우리의 청원서와 '조속히 반환'해 달라는 자신의 의견서를 덧붙여 전달해 주었다. 대한제국 국새의 귀환이 현실화되기 시작한 순간이었다.).

미주 동포들의 한인 사회도 움직이기 시작했다. 평소 알고 지내던 최한규 거사님의 주선으로, 워싱턴 PNP 포럼이란 단체의 초청으로 워싱턴에서 우리 문화재에 대해 강의하는 자리가 마련되었다. 거기서 나는 미국 국토안전부가 압수하고 있던 대한제국 국새와 조선 왕실 어보를 오바마 대통령이 직접 가지고 오가는 '응답하라 오바마' 프로젝트에 대해 소개했고, 함께 백악관 청원 운동을 진행하자고 제의했다. 백악관은 한 달 동안 10만 명이 서명하면, 백악관이 직접 답변하는 제도를 운영하고 있었다. 워싱턴의 동포들은 이 제안을 흔쾌히 받아 주셨고, 그 결과 LA, 보스턴, 뉴욕 등지의 한인 단체들까지 결합 13개 한인 단체와 협력해서 백악관 청원 사이트 'We The People'에 10만 서명 운동을 시작할 수 있었다.

백악관 청원 운동이 시작되자 미주와 한국의 언론들이 사건을 보도하기 시작했고, '응답하라 오바마' 운동은 수면 위로 올라와 오바마 대통령 방한을 앞둔 상황에서 주요 이슈로 자리 잡기 시작했다. 아직 미국에 머물고 있었던 2월 26일의 일이었다.

5

이 글의 대부분은 뉴욕 맨해튼의 골방에서 쓰여졌다. 이국 생활이 주는 자유로움(?)과 한적한 시간들이 오랫동안 구상만 하다가 마무리 짓지 못했던 글쓰기에 집중할 수 있는 기회를 준 셈이었다.

귀국하기 전 뉴욕 생활에 도움을 주셨던 김정광 미주 불교문화원 회장님과 노창현 뉴시스 특파원 등과 저녁을 함께한 일이 있었다. 귀국 후 오바마 대통령의 국새 반환 운동을 어떻게 진행할 것인가를 의논하는 마지막 자리이기도 했다. 마침 《우리 궁궐의 비밀》 초고를 탈고, 출판사

대한제국 국새 반환의 성공 뒤에는 시민들의 후원과 열정이 있었다. 사진은 '응답하라 오바마-왕의 귀환' 프로젝트를 위해 거리 홍보에 나선 혜문 스님과 청소년연대 회원들.

에 원고를 송부한 날이기도 했으므로 조촐한 축하를 겸한 자리였다. 다음 번에 귀국하면 오바마 대통령이 반환한 대한제국 국새를 구경하고 출간된《우리 궁궐의 비밀》도 받아 볼 수 있으면 좋겠다고 모두 덕담을 해 주셨다. 두 달여의 긴 해외 체류가 마무리되던 날의 즐거운 시간이었다.

2014년 4월 25일, '응답하라 오바마' 작전은 성공리에 종료되었다. 오바마 대통령은 25일 박근혜 대통령과 만나 정상회담을 가진 뒤, 대한제국 국새를 비롯한 9점의 조선 왕실 인장을 반환했다. 그 누구도 예상하지 못했던 역사적인 쾌거요, 세계 문화재 반환 운동의 새로운 전기를 만드는 순간이었다. 한미 정상이 참석한 전달식 이후, 정부는 대한제국 국새의 소장처로 조선 왕실의 주요 문화재를 보관하기 위해 건립한 국립고궁박물관을 지정했다. 드디어 대한제국 국새는 자기 집을 찾아 제자리로 돌아온 셈이었다.

2014년의 겨울 뉴욕에서 지냈던 시간들을 나는 영원히 잊지 못할 것이다. '응답하라 오바마' 작전도 성공하고, 그곳에서 탈고한 《우리 궁궐의 비밀》도 출판할 수 있게 되었으니 말이다.

부족한 원고를 성의 있게 편집, 뉴욕에서의 예언(?)을 실현시켜 주신 작은숲출판사, 사진 촬영 및 자료 조사에 애써 주신 구진영 연구원, 뉴욕 생활에 도움을 주신 승만행 보살님, 언제나 경책해 주시는 봉선사 조실 월운 노스님과 회주 밀운 큰스님, 봉선사 주지 한암스님께 감사를 드린다. 또한 지지와 성원으로 격려해 주시는 은사 철안스님과 봉선사 대중스님들, 혜만, 혜성 두 사형과 자재암, 회암사 신도들 그리고 항상 후원해 주시는 문화재제자리찾기 회원들께 진심으로 감사의 말씀을 전한다.

2014년 5월 19일
운악산 봉선사에서 혜문 합장

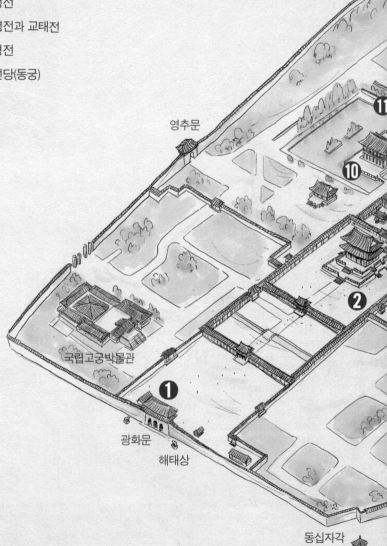

영추문

국립고궁박물관

❶

광화문

해태상

동십자각

❷

신무문

건춘문

국립민속박물관

6 향원정
7 집옥재
8 건청궁
9 자선당 유구
10 경회루
11 하향정

부록 | 궁궐 답사 안내도

창경궁

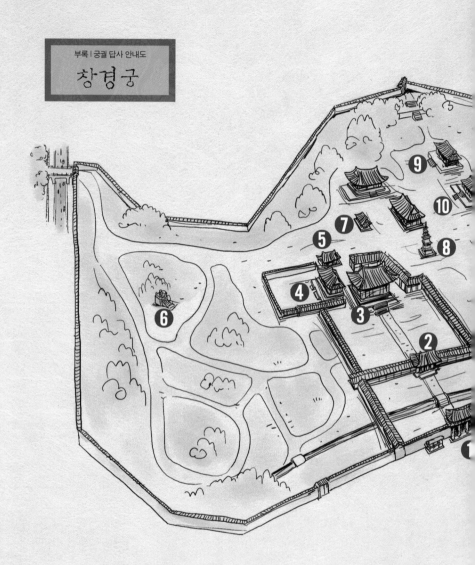

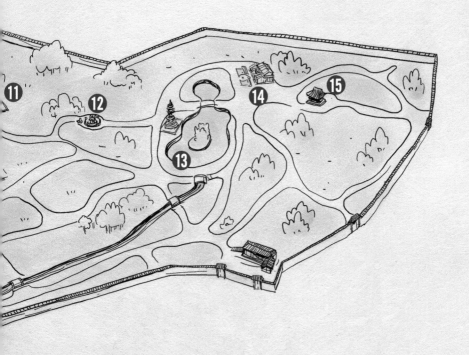

1 흥화문 **8** 오층석탑
2 명정문 **9** 통명전
3 명정전 **10** 양화당
4 문정전 **11** 풍기대
5 숭문당 **12** 성종 태실
6 관천대 **13** 춘당지
7 함인정 **14** 대온실(식물원)
          15 관덕정

창덕궁

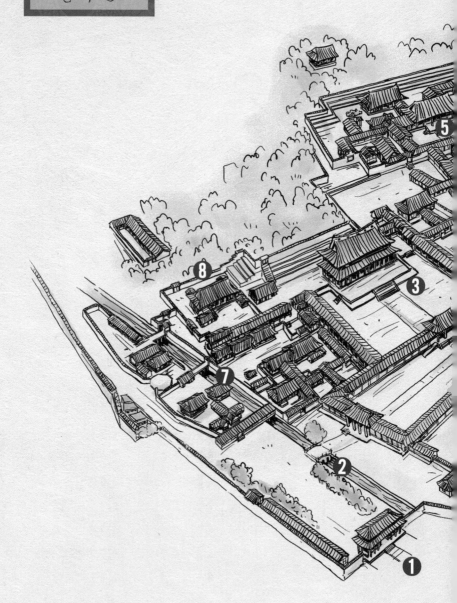

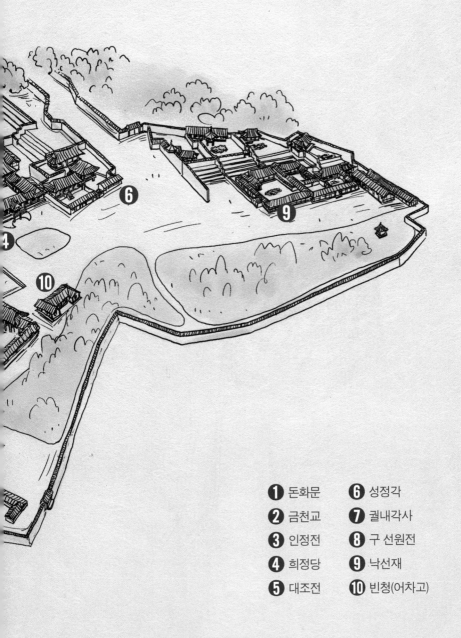

❶ 돈화문 ❻ 성정각
❷ 금천교 ❼ 궐내각사
❸ 인정전 ❽ 구 선원전
❹ 희정당 ❾ 낙선재
❺ 대조전 ❿ 빈청(어차고)

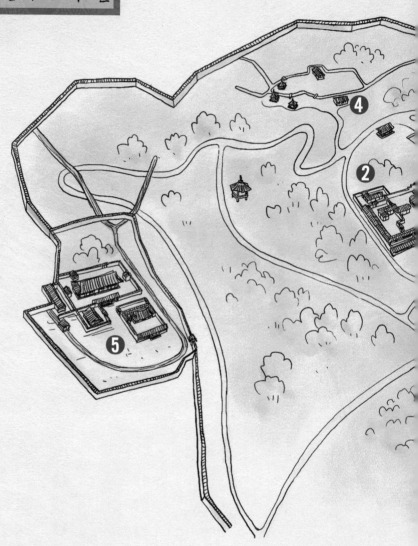

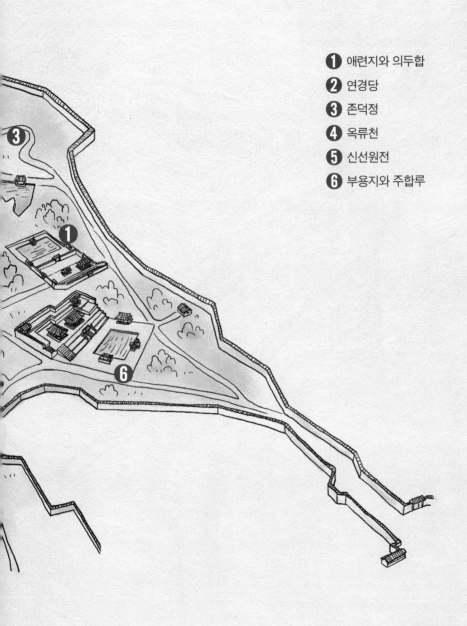

❶ 애련지와 의두합
❷ 연경당
❸ 존덕정
❹ 옥류천
❺ 신선원전
❻ 부용지와 주합루

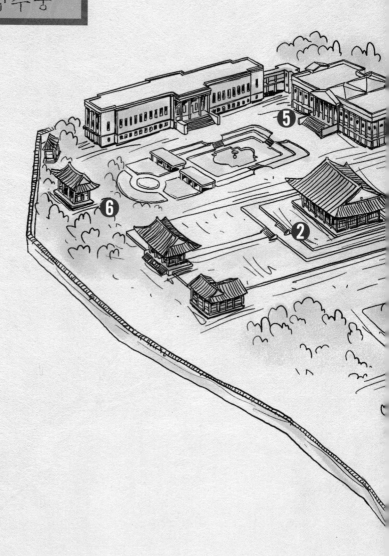

부록 | 궁궐 답사 안내도

덕수궁

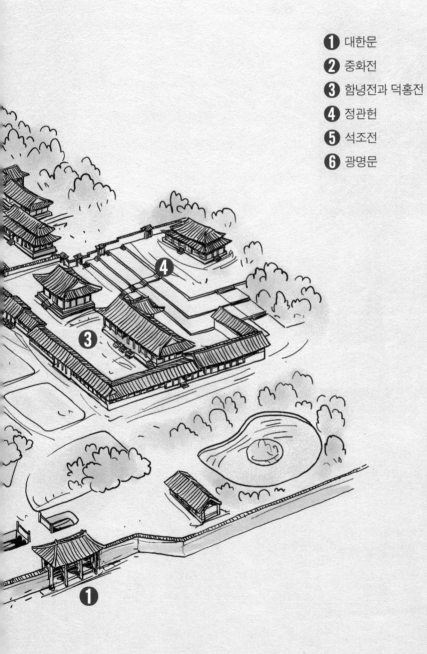

❶ 대한문
❷ 중화전
❸ 함녕전과 덕홍전
❹ 정관헌
❺ 석조전
❻ 광명문

✿ 광화문
조선총독부를 가리기 위해 건춘문 옆에 방치되어 있던 광화문을 옮겨 1968년에 콘크리트로 다시 지었는데, 박정희 대통령이 직접 쓴 한글 현판을 달았다.

✿ 광화문 현판
경술국치(1910) 100년 만에 복원하였으나 현판에 금이 가는 등의 문제가 일어났다. 또한 현판 바탕색이 흰색인지에 대해 의문이 제기되고 있다.

✿ 광화문 해태
경복궁 중건시 관악산의 화기를 막기 위해 만들어진 해태는 일제 강점기 망국의 운명처럼 이리저리 떠도는 신세로 전락했다. 해방 후 어떤 시기에 알 수 없는 이유로 앞다리가 부러졌다.

✿ 경복궁역 5번 출구 일본식 석등
경복궁으로 바로 이어지는 지하철 3호선 경복궁역 5번 출구에는 일본식 석등이 배치되어 있었으나 문화재제자리찾기의 문제 제기로 2012년 7월 전격 철거되었다.

✿ 영추문
경복궁의 서문으로 순종 승하 이틀 뒤인 1926년 4월 27일 무너졌다가 1970년 국립국악원 정문(본래 원각사 출입문)을 이전해 왔다가 1975년에 복원되었다. 그러나 경복궁의 동문인 건춘문과의 축이 북쪽으로 더 올라가 복원되는 오점을 남겼다.

◈ 하향정

경회루 연못에 있는 정자로 이승만 대통령이 낚시를 하기 위해 만들었다고 알려져 있다. 문화재제자리찾기에서 문화재 원형 보존 및 복원 원칙에 어긋난다며 철거를 주장했으나 2013년 11월 문화재위원회는 존치를 결정했다.

◈ 건청궁

문화재청이 '21세기 들어 가장 잘 지은 한옥'이라고 했던 건청궁이 복원한 지 3년 만에 문제가 생겼다. 이곳은 명성황후가 일제의 자객들에 의해 무참히 살해된 곳이다.

◈ 향원정

문화재청이 '경복궁의 아름다움을 대표하는 정자'라고 홍보하는 향원정의 다리가 비뚤어졌다. 6·25 전쟁 당시 폭격으로 인해 무너진 다리를 수습하기 위해 놓은 부교 위치에 비뚤어지게 복원된 것이다.

◈ 자선당 유구

세자가 거처해 동궁전으로 불렸던 자선당은 1915년 일본으로 반출되었다. 일본 오쿠라 호텔 산책로에 있다가 관동 대지진 때 불타 기단부만 남았는데, 1995년에 삼성문화재단의 비용으로 환수되었다. 그러나 자선당 유구는 재활용되지 못한 채 건청궁 뒤뜰에 방치되어 있다.

◈ 근정전

조선 궁궐의 정전으로 경복궁의 상징적인 건물인 근정전은 1910년 8월 29일, 그 앞에 일장기가 게양되면서 일제 강점기 시작의 신호탄이 되었다. 그 이후 일제 침략의 홍보 공간으로 활용되는 등 조선 왕실의 권위가 땅에 떨어지며 경복궁은 철저하게 훼손된다.

🏵 인정전

임진왜란 때 경복궁이 소실된 후 조선 후기를 대표하는 정치 공간으로 자리 잡았으나, 1910년 8월 22일 인정전 앞에서 한일 병합 조약이 서명되었다. 그래서일까? 인정전 용마루에는 다른 궁궐에서는 볼 수 없는 특이한 양식이 있다. 이화 문양이 그것인데, 대한제국 성립 이후 순종이 거주했기 때문에 대한제국의 문양인 이화 문양이 새겨졌다고 알려졌었다. 하지만 일본에서 이화 문양과 동일한 양식이 여러 곳에서 발견되는 점 등으로 보아 일본의 건축 양식을 조선 궁궐에 이식한 정치적 의도가 있었음을 짐작할 수 있다.

🏵 금천교

현존하는 서울의 다리 중 가장 오래된 다리로 보물 1762호이다. 그러나 안타깝게도 금천교와 진선문의 축이 상당히 비뚤어져 있다. 일제 강점기 사진과 비교해 보면 일제가 궁궐을 훼손한 흔적임을 알 수 있다. 또한 진선문을 지나 인정전으로 들어서는 인정전 외행랑 뜰로 들어서면 그 모양이 사다리꼴이라는 것을 알 수 있는데, 창덕궁 건설 당시 종묘로 이어지는 산맥을 훼손할 수 없어 자연환경에 맞추어 짓다 보니 그리 되었다고 한다.

🏵 어차고(빈청)

순종의 어차가 국립고궁박물관으로 이전된 뒤 어차고 자리가 2010년 5월부터 커피숍으로 개조되어 영업 중이다. 원래 이곳에는 빈청이 있었는데, 조선 시대 2품 이상 대신들과 당상관(정3품 이상)들의 회의 공간이었다고 한다. 문화재청에서는 2014년 빈청을 원형대로 복원할 계획이라고 밝혔으니 지켜볼 일이다.

창덕궁

⊛ 창덕궁 돌담 내 주택

창덕궁 돌담 안에 위치한 주택으로, 궁궐을 정원 삼고 궁궐 돌담을 담벼락 삼은 이 개인 주택은 1960년대 창덕궁 관리소장의 관사로 사용되다가 이후 문화공보부 간부가 사유지로 사들여 개인 주택이 된 건물로, 창덕궁 돌담의 일부는 아예 개인 주택의 철문으로 개조되었다.

⊛ 희정당

조선 왕실의 마지막 행사인 이구 씨(대한제국의 마지막 왕으로 일컬어지는 영친왕의 아들)의 장례식이 열렸던 곳이다. 창건 연대는 확실하지 않으며 연산군 2년에 숭문당 건물이 소실되었다가 재건되면서 당호를 '희정당'으로 바꾸었다고 한다. 조선 후기에, 순조가 이곳에서 승하했고, 고종이 경복궁 완공 전까지 머물렀다고 한다. 1917년 화재로 희정당이 크게 소실되었다가 복구한다면서 경복궁의 침전인 강녕전을 뜯어다가 희정당을 복구했다. 이 또한 일제의 궁궐 훼손 정책의 일환이었다.

⊛ 창덕궁 후원(비원)

비원은 임금을 위한 휴식 공간으로 조성되었는데, 1997년에 세계문화유산으로 지정되었다. 특히 후원으로 진입해서 첫 번째 관람하게 되는 부용정, 불로문 안에 조성된 애련지는 창덕궁 후원이 연못과 연꽃이 어우러진 공간이었다는 것을 말해 준다. 그러나 연꽃이 불교의 꽃이라는 이유로 퇴출되어 최근 궁궐에서 연꽃을 구경하는 것은 어려운 일이 되었다.

🏵 성종대왕 태실

창경궁 풍기대 부근에 설치된 석물로 성종의 태를 태 항아리에 묻어 보관했던 일종의 무덤이다. 일제는 1929년 전국 각지에 있던 왕, 세자, 대군, 공주 등의 총 54위의 태를 관리 현황이 엉망이라는 이유로 서삼릉으로 옮겼다. 성종의 태실은 원래 경기도 광주군 경안면 태전리에 있었는데, 일제 강점기 창경궁으로 옮겨진 것으로 보인다.

🏵 창경궁 오층석탑

창경궁 명정전을 지나면 사찰에서나 볼 수 있는 석탑 하나가 눈에 띄는데, 고려 시대의 석탑이다. 문화재청에 의하면 이 석탑이 언제 창경궁으로 옮겨졌는지 알 수 없으나 일제 강점기에 이건된 것으로 추정된다고 한다. 일제는 시정 5년을 기념한다는 명분으로 조선물산공진회를 개최하면서 야외 전시를 위해 전국 각지의 석탑을 경복궁으로 이전했는데, 이런 사실로 미루어 창경궁 오층석탑도 비슷한 사유로 이건된 것으로 보인다.

🏵 창경궁 대온실(식물원)

1909년 건립한 국내 최초의 서양식 온실로 철골 구조와 유리, 목재가 혼합된 건축물이다. 일제가 순종을 창덕궁에 유폐시킨 뒤 왕을 위로한다는 명목으로 동물원과 함께 지은 것으로 현재까지 그대로 남아 있다.

🏵 덕수궁(경운궁)

덕수궁의 원래 이름은 경운궁이었다. 원래는 성종의 형
인 월산대군의 집이었다가 임진왜란 후 궁궐이 불타 없어
지자 선조는 이곳을 임시 거처로 정하고 궁으로 사용하기
시작했다. 그후 잠시 광해군 때까지 왕궁으로 사용했으나
인조반정 후 인조는 이를 다시 월산대군 집안에 돌려주었
다. 그러다가 1897년 고종이 러시아 공사관에서 이곳으
로 옮겨 오면서부터 역사의 중심으로 떠올랐으며, 고종은
덕수궁에서 대한제국을 선포했다. 1907년 황위를 순종에
게 물려준 고종이 이곳에 머물면서 덕수궁으로 고쳐 부르
게 되었다.

🏵 대한문(대안문)

1904년 경운궁에 원인 모를 화재가 발생하여 중화전을
비롯한 많은 전각들이 소실되었는데, 전각을 다시 지으면
서 '대안문' 현판이 '대한문'으로 바뀌었다. 이름이 바뀌자
이를 둘러싸고 이토 히로부미가 고종 황제를 빗대어 '큰
도둑놈[大漢]'이 드나드는 문이라는 뜻으로 그렇게 고쳤다
고도 하고, 이토 히로부미의 수양딸이라며 권세를 부리던
배정자가 궁궐을 들락거리는 꼴이 상서롭지 못하다고 하
여 여자를 뜻하는 '안(安)'에서 남자를 뜻하는 '한(漢)'으로
바꿨다고도 한다.

🏵 광명문

고종의 침전이었던 함녕전의 출입문으로 고종이 1919년
승하한 후 궁궐이 본격적으로 훼손되기 시작하면서 1938
년 이왕가박물관이 창경궁에서 덕수궁으로 ·이사오면서
현재의 위치에 자리 잡게 되었다. 본래의 자리에서 옮겨
진 광명문은 자격루(국보 229호)와 흥천사 종(보물 1460
호)의 보호각 역할을 하고 있으며 최근에는 신기전의 보
호각 역할도 겸하고 있다.

참고 문헌

원전류

- 《강희자전(康熙字典)》
- 《능엄경》
- 《매천야록》 제5권
- 《동국여지비고(東國輿地備考)》
- 《대한계년사》
- 《송강가사》
- 《정감록》
- 《조선왕조실록》
- 《춘추(春秋)》
- 〈경운궁 중건 도감 의궤(慶運宮重建都鑑儀軌)〉
- 〈조선고적도보〉
- 오다쇼고, 《덕수궁사》, (이왕직, 1938)

언론 보도

- 강경민, 〈커피숍으로 전락한 창덕궁 '빈청'〉, 한국경제(2012. 10. 3)
- 강희철, 〈경복궁 자선당 '유구' 돌아왔다〉, 한겨레신문(1996. 1. 1)
- 길윤형, 〈광화문은 왜 콘크리트인가〉, 〈한겨레21〉 642호(2007.1.5)
- 노형석, 〈숭례문 '어처구니' 바로잡는다〉, 한겨레신문(2012. 2. 10)
- 박승철, 〈창경원 동물가족 강북 마지막 생일〉, 경향신문(1982. 10. 28)
- 법정 스님, 〈연못에 연꽃이 없다〉, 동아일보(1993. 7. 5)
- 송영언, 〈청와대 이례적 소문 해명〉, 동아일보(1994. 10. 28)
- 신병주, 〈경복궁 근정전, 그 영광과 수난의 역사〉, 〈월간문화재〉 2012년 1월호
- 오창민, 〈'어처구니'없는 국보 1호…숭례문 '잡상' 훼손 방치〉, 경향신문(2007. 3. 28)
- 이광표, 〈어떤 색깔의 글씨를 써야 광화문 현판다울까…〉, 동아일보(2011. 11. 3)
- 이순우, 〈성종 태실은 왜 창경궁 안에 있을까〉, 오마이뉴스(2004. 3. 4)
- 이진성, 〈최고의 궁궐 그러나 최악의 돌담〉, 노컷뉴스(2013. 7. 20)
- 정양환, 〈경복궁 자선당 자취 제자리 찾는다〉, 동아일보(2013. 7. 13)
- 최영창, 〈덕수궁 청동향로 '뚜껑' 찾았다〉, 문화일보(2010. 3. 22)
- 최영창, 〈조선 宮 건물엔 위계가 있다… 문화재 복원때 반영해야〉, 문화일보(2011. 2. 16)
- 최종덕, 〈가장 조선다운 궁궐 창덕궁〉, 〈문화재사랑〉 2008년 9월호
- 〈國民(국민)의 審判(심판)을 기다린다〉, 동아일보(1960. 2. 5)
- 〈광화문 복원에 이론(異論)〉, 경향신문(1968. 3. 20)

· 〈광화문 현판 교체, 정조 글씨 논란〉, 한겨레신문(2005. 1. 26)
· 〈광화문 현판 다시 제작〉, 뉴시스(2010. 12. 28)
· 〈광화문 현판, 복원 3개월만에 균열〉, 연합뉴스(2010. 11. 3)
· 〈돌아온 '광화문 해태상'… 숭례문 화재 때문?〉, 세계일보(2008. 9. 26)
· 〈덕수궁, '경운궁' 명칭 변경 보류〉, 연합뉴스(2011. 12. 14)
· 〈덕수궁 大安門→大漢門 변경 오해와 진실〉, 동아일보(2004. 6. 21)
· 〈덕수궁 대한문의 이름은 왜 바꿨을까?〉, 오마이뉴스(2004. 6. 17)
· 〈덕수궁 大漢門 기울어 6월부터 출입통제〉, 동아일보(2004. 5. 18)
· 〈덕수궁은 본래 경운궁, 이름 바꿔야 하나〉, 뉴시스(2011. 12. 2)
· 〈마지막 황세손 이구씨 영결식〉, 한겨레신문(2005. 7. 24)
· 〈명성황후 비극 현장 건청궁 복원〉, 연합뉴스(2007. 10. 18)
· 〈문화재청, 광화문 현판 교체 추진〉, 연합뉴스(2005. 1. 24)
· 〈'박정희 글씨' 수난시대 오나… 광화문 현판교체 논란 증폭〉, 동아일보(2005. 1. 25)
· 〈박통현판〉, 경인일보(2005. 4. 12)
· 〈서울시 대표 상징 '해치'〉, 내일신문(2008. 5. 13)
· 〈수십억 들인 서울 상징 '해치' 4년만에 '찬밥'〉, 연합뉴스(2013. 2. 2)
· 〈순종이 승하하니 영추문이 무너지도다〉, 오마이뉴스(2003. 3. 30)
· 〈순종황제 어차 이전식〉, 연합뉴스(2007. 11. 28)
· 〈"세종대왕이 노한 탓"… 김형오 발 광화문 한글 현판 논란 다시 '활활'〉, 헤럴드 경제
  (2010. 11. 9)
· 〈원인이 뭐냐?… 진단도 갈라졌다〉, 한국일보(2011. 11. 5)
· 〈영친왕 아들 이구씨 영결식, 영릉에 안장〉, 연합뉴스(2005. 7. 24)
· 〈저 종은 왜 덕수궁에 놓여 있을까?〉, 오마이뉴스(2004. 1. 10)
· 〈창경궁 장서각 헐린다〉, 경향신문(1992. 2. 3)
· 〈春風秋雨 五百年을 宮門압헤 마조안저〉, 동아일보(1923. 10. 4)
· 〈風物中心의 變換〉, 동아일보(1934. 1. 1)
· 〈한국 동물원 100년〉, 조선일보(2010. 10. 30)
· 〈환수문화재의 수난〉, 문화일보(2012. 12. 10)
· 〈20세기 초 '광화문' 현판 글씨 디지털 분석〉, 연합뉴스(2005. 2. 15)

독자편집위원

완성도 높은 책이 될 수 있도록 아낌없는 비판과 검토를 해 주신
독자 편집위원들께 감사 드립니다.

⚙ 박병건(동양대학교 문화재발굴보존학과 2학년)
⚙ 서정인(충남대학교 사학과 1학년)
⚙ 이예은(수원외국어고등학교 1학년)
⚙ 이지환(인창고등학교 2학년)
⚙ 조영일(홍익대학교 영어영문학과 3학년)